犯罪学入門
ガバナンス・社会安全政策のアプローチ

小林良樹
Yoshiki KOBAYASHI

慶應義塾大学出版会

はしがき

　この本は、筆者が現在勤務している明治大学公共政策大学院（専門職大学院）ガバナンス研究科、過去に勤務していた慶應義塾大学総合政策学部（SFC）等において担当した社会安全政策、公共政策等に関する諸講義の講義資料を加筆修正してまとめたものです。読者としては、刑法や犯罪に関する専門知識を必ずしも有しない大学学部生や大学院生を想定しています。また、将来警察や法曹（裁判官、検事、弁護士）など司法、犯罪等の問題を主に取り扱う分野に進む予定の学生よりはむしろ、こうした分野とは直接関係のない分野に進む予定の学生を読者として想定しています。

　かつて日本では、犯罪や社会安全の問題は、警察、法曹関係者等の一部の専門家によって主に取り扱われていました。しかし、本書の中で詳しく述べているように、今日、そうした犯罪問題の専門家ではない一般市民でも、日常生活の中で犯罪や社会安全の問題に遭遇することは珍しくなくなっています。確かに、我が国において一般市民が犯罪者あるいは犯罪被害者になる可能性は、諸外国に比べれば依然として高くはないでしょう。しかし例えば、町内会において街頭防犯カメラ設置への同意を求められる、勤務している企業等が役所から特殊詐欺対策の広報活動への協力を求められる、自宅の近所に元受刑者のための更生施設を建設する計画が持ち上がる、など一般市民が日常生活の中で犯罪の問題に遭遇する可能性はますます高くなっています。このような時、必ずしも専門家ではない一般市民として、どのようなポイントに着目して自分自身と犯罪や社会安全の問題への関わりを考えたら良いのでしょうか。本書の着眼はそうした点にあります。

　本書で紹介する社会安全政策論という学問分野は、いわゆるガバナンス研究の一種であり、一般市民の視点から犯罪対策上の諸課題を検討するための分析枠組みです。もちろん、それぞれの課題や問題について「これだ」という正解が直ちに得られる訳ではありません。しかし、社会安全政策論の分析枠組みを利用することによって、犯罪の問題の専門家ではなくても、いざという時により適切な分析・判断や主体的な取組ができるようになると考えられます。こうした思いから、本書の中では「あなたが当時者ならどう考えますか？」という

フレーズがたびたび登場します。

　本書は、三部構成になっています。第一部は総論として、社会安全政策論という分析枠組みやその背景となる我が国の犯罪情勢等の説明が中心になっています。やや抽象的な内容ですので、難しく感じられる場合には先に第二部を読んでから第一部に戻っても良いと思います。第二部は各論として、少年非行、犯罪のグローバル化、サイバー犯罪等の具体的な問題を社会安全政策論の視点に基づいて分析することの説明が中心となっています。第三部はケース・スタディです。実際に一般市民の身の周りに起こり得る社会安全の問題を、架空の事例に基づき一般市民の視点から検討してみるものです。本文中に着眼のヒントを付けていますので、ゼミでの議論等で「あなたが当事者ならどう考えますか？」という思考の実践に役立てて頂ければ幸いです。

　この本は以上のような趣旨により執筆されています。必ずしも刑法学や犯罪学の専門的な内容を網羅的・体系的に取り扱っている訳ではありません。犯罪や社会安全の問題に興味を持ち更に学ぶことを希望される方は、各章の末尾に掲載した参考文献等を利用して積極的に自習をして頂けると幸いです。なお、本書の中に示されている意見等は筆者の個人的な意見です。筆者の所属する（あるいは過去に所属した）組織の公式な見解とは異なる場合もあることを予めお断りしておきます。また、本書の趣旨にかんがみ、正確性よりも理解のし易さにポイントを置いて執筆されています。事実誤認、説明不十分等の点があるとすれば、それは専ら筆者自身の不勉強によるものです。

　この本の出版は、明治大学、慶應義塾大学等において筆者の講義やゼミに参加してくれた学生諸君やこれまで筆者が勤務した職場の上司・同僚の方々の存在無しには実現しなかったと思います。また、出版をお認め下さった慶應義塾大学出版会、書籍出版に不慣れな筆者に辛抱強くお付き合い下さった同編集部の岡田智武氏にも多大なるご支援を賜りました。その他紙面の都合上この場では言及できない方々を含め、この本の出版は非常に多くの方々に支えられています。この場をお借りして改めて深く感謝を申し上げる次第です。

2019年6月

小 林 良 樹

目　次

はしがき　(i)
凡　例　　(ix)

第1部　総　論

□ 第1章　社会安全政策論への招待 …………………… 3

1. 本書の目的：あなたが当事者ならどう考えますか？　3
   ──振り込め詐欺対策等を例として
   (1) 振り込め詐欺等の概要　(4)
   (2) 対策と課題　(5)
2. 社会安全政策論の視点　6
   (1) 定義　(6)
   (2) 社会安全政策論の特徴　(7)
   コラム　社会安全政策論と危機管理学　(10)
   コラム　社会安全政策論とガバナンス研究　(11)

□ 第2章　犯罪学の発展の歴史 ……………………… 15

1. 犯罪学とは　15
   (1) 定義　(15)
   (2) 萌芽　(16)
2. 犯罪原因論　16
   (1) 個人に着目する考え方　(17)
   (2) 社会環境に着目する考え方　(18)
   (3) 統合的な立場　(19)
   (4) 犯罪原因論の今日　(20)
3. 犯罪予防論　20
   (1) 犯罪学の「パラダイム変化」　(20)

iii

(2) 犯罪機会論（環境犯罪学）、犯罪被害者学　(21)
        (3) 犯罪予防論の今日　(24)
        【本章のポイント】　(25)
        コラム　「割れ窓」理論　(26)

□ 第3章　**戦後の日本の犯罪情勢**…………………………………29
    1. 安全（客観的な犯罪統計）　30
    2. 安心（主観的な体感治安）　32
    3. 他国との比較　35
        (1) 安全　(35)
        (2) 安心　(37)
    4. 平成前期における犯罪情勢の悪化の要因　38
        (1) 犯罪者を取り巻く社会的環境の変化　(38)
        (2) 被害者を取り巻く社会的環境の変化　(41)
        (3) 警察活動を取り巻く社会状況の変化　(42)
    5. 2003年（平成15年）以降の政府による総合的な犯罪対策　43
        (1) 政府における犯罪対策の枠組みの設置　(43)
        (2) 総合的な犯罪対策プログラムの策定　(43)
        (3) 官民の連携による犯罪の未然防止策の推進　(44)
        (4) その他　(45)
        【本章のポイント】　(48)

□ 第4章　**第1部のまとめ――社会安全政策論とは**
……………………………………………………………………51
    1. 概要　51
    2. 理論形成の背景　52
        (1) 平成前期における犯罪情勢の悪化　(52)
        (2) 犯罪予防論（犯罪機会論）の発展　(52)
        (3) 社会安全の問題に関与するアクターの多様化と利害調整の必要性　(53)
        (4) 警察活動に対する国民の意識の変化　(54)
    3. 社会安全政策論の今日的意義　55

    (1) 安全と権利自由の膠着した局面における利害調整　(55)
    (2) 代替政策オプションの検討　(57)
    (3) 警察等に対する民主的統制　(58)
  4. おわりに　59
    【本章のポイント】　(60)

第2部　各　論

□ 第5章　少年の非行、少年の犯罪被害 ……………………… 65

  1. はじめに——少年に対する手続き　65
    (1) 非行少年の定義　(65)
    (2) 保護優先主義と家庭裁判所優先主義　(66)
    (3) 家庭裁判所での手続き　(67)
    (4) 厳罰化等の動向　(68)
  2. 少年による犯罪をめぐる情勢　70
    (1) 時系列的推移　(70)
    (2) 罪種別の構成比　(72)
    (3) 新しい動向？　(73)
  3. 少年の犯罪被害　75
  4. 政府による対策　78
  5. 様々な課題——あなたが当事者ならどう考えますか？　80
    (1) 保護優先主義と厳罰化・被害者等への配慮等のバランス　(80)
    (2) 安全と権利自由のバランス　(81)
    (3) アクター間の連携等　(83)
    【本章のポイント】　(84)

□ 第6章　犯罪のグローバル化 ……………………………… 87

  1. はじめに——犯罪のグローバル化はなぜ問題なのか　88
  2. 犯罪のグローバル化の背景　89
    (1) ヒトの流れ　(89)

    (2) モノ、カネの流れ （96）
    (3) 情報の流れ （96）
  3. 犯罪のグローバル化の現状　97
    (1) 国外における状況（国外で日本人が犯罪の加害者又は被害者となる場合）（97）
    (2) 国内における状況 （99）
  4. 政府による対策　105
  5. 様々な課題――あなたが当事者ならどう考えますか？　106
    (1) 出入国管理の強化 （107）
    (2) 犯罪やテロを未然防止する社会的な環境づくり、航空保安の強化 （108）
    (3) 多文化共生社会の実現 （109）
    (4) 先進的な捜査手法の導入・推進 （109）
    (5) 国際協力の推進 （110）
    【本章のポイント】（112）
    コラム　日本国内での在留外国人の分布 （113）

□ 第7章 **サイバー犯罪等** ……………………………… 117
  1. はじめに――背景事情　117
  2. サイバー犯罪をめぐる状況　121
    (1) 概観 （121）
    (2) サイバー攻撃（サイバーテロ、サイバーインテリジェンス）（125）
  3. 政府による対策　129
    (1) 体制の整備等 （129）
    (2) 取締法令等の整備 （131）
  4. 様々な課題――あなたが当事者ならどう考えますか？　132
    (1) 安全と権利自由のバランス （132）
    (2) コスト負担の問題 （133）
    【本章のポイント】（135）

□ 第8章 **警察制度** ……………………………………… 137
  1. 現代の警察制度の特徴　137

(1)　民主的な運営の確保　(138)
　　　(2)　政治的中立性の確保　(142)
　2.　人員規模　143
　3.　予算規模　145
　4.　捜査権限等　147
　5.　警察に対する国民の信頼　149
　6.　様々な課題——あなたが当事者ならどう考えますか？　152
　　【本章のポイント】(155)
　　コラム　「警察の正統性」理論と「手続き的公正」理論　(156)

第9章　新たな課題——犯罪被害者等支援、再犯防止
……………………………………………………………………… 161

　1.　犯罪被害者等支援　161
　　(1)　背景・経緯　(161)
　　(2)　犯罪被害の内容　(163)
　　(3)　政府による対策　(164)
　　(4)　様々な課題——あなたが当事者ならどう考えますか？　(166)
　2.　犯罪者の再犯防止　168
　　(1)　背景・経緯　(168)
　　(2)　政府による対策　(170)
　　(3)　様々な課題——あなたが当事者ならどう考えますか？　(174)
　　【本章のポイント】(176)
　　コラム　加害者家族等をめぐる問題　(177)

第3部　ケース・スタディ

第10章　事例①：大型ショッピングモール内の犯罪対策
……………………………………………………………………… 181

　1.　主人公 ～ 山田太郎（K市役所 総務部企画調整課 課長補佐）　181
　2.　S県K市　181

3．大型ショッピングセンターの開設　184
　　4．ショッピングセンター内及び周辺地域における犯罪情勢の悪化　185
　　5．犯罪対策をめぐる様々な意見　186
　　6．市長からの指示　189

□ 第11章　**事例②：大学のセキュリティ** ……………………… 191
　　1．主人公 〜 山本一郎（私立S大学 総務課 主任）　191
　　2．私立S大学　191
　　3．大学構内での傷害事件の発生　192
　　4．事件後の状況　193
　　5．セキュリティをめぐる様々な意見　195
　　6．大学上層部からの指示　198

□ 第12章　**事例③：地元に更生保護施設を受け入れるか？**
　　　　　　──A県B市甲地区自治会 ……………………… 199
　　1．主人公 〜 鈴木太郎（ビジネス・コンサルタント）　199
　　2．A県B市　200
　　3．自立更生促進センターが来る？　200
　　4．センター受入れのメリット・デメリット　202
　　5．施設の受入れをめぐる様々な意見　203
　　6．父親（自治会長）からの依頼　204

事項索引　（206）

凡　例

1　本書で使用している略称法令名は下記のとおりです。

（本書略称法令名）	（法令名　（　）内は法令番号等）
地自法	地方自治法（昭和22年法律第67号）
情報公開法	行政機関の保有する情報の公開に関する法律（平成11年法律第42号）
行政機関個人情報保護法	行政機関の保有する個人情報の保護に関する法律（平成15年法律第58号）
警察法	（昭和29年法律第162号）
旧警察法	（昭和22年法律第196号）
警察官職務執行法	（昭和23年法律第136号）
ストーカー規制法	ストーカー行為等の規制等に関する法律（平成12年法律第81号）
道路交通法	（昭和35年法律第105号）
入管法	出入国管理及び難民認定法（昭和26年政令第319号）
外国人登録法	（昭和27年法律第125号）（平成21年7月15日号外法律第79号〔施行平成24年7月9日〕により廃止）
学校教育法	（昭和22年法律第26号）
民法	（明治29年法律第89号）
ドメスティック・バイオレンス（DV）防止法	配偶者からの暴力の防止及び被害者の保護等に関する法律（平成13年法律第31号）
刑法	（明治40年法律第45号）
組織的犯罪処罰法	組織的な犯罪の処罰及び犯罪収益の規制等に関する法律（平成11年法律第136号）
犯罪被害等給付金支給法	犯罪被害者等給付金の支給等による犯罪被害者等の支援に関する法律（昭和55年法律第36号）
不正アクセス禁止法	不正アクセス行為の禁止等に関する法律（平成11年法律第128号）
児童買春・児童ポルノ禁止法	児童買春、児童ポルノに係る行為等の規制及び処罰並びに児童の保護等に関する法律（平成11年法律第52号）
刑事訴訟法	（昭和23年法律第131号）
通信傍受法	犯罪捜査のための通信傍受に関する法律（平成11年法律第137号）
犯罪被害者保護法	犯罪被害者等の権利利益の保護を図るための刑事手続に付随する措置に関する法律（平成12年法律第75号）
再犯防止推進法	再犯の防止等の推進に関する法律（平成28年法律第104号）

犯罪被害者等基本法	（平成 16 年法律第 161 号）
少年法	（昭和 23 年法律第 168 号）
児童福祉法	（昭和 22 年法律第 164 号）
児童虐待防止法	児童虐待の防止等に関する法律（平成 12 年法律第 82 号）
子ども・若者育成支援推進法	（平成 21 年法律第 71 号）
出会い系サイト規制法	インターネット異性紹介事業を利用して児童を誘引する行為の規制等に関する法律（平成 15 年法律第 83 号）
青少年インターネット環境整備法	青少年が安全に安心してインターネットを利用できる環境の整備等に関する法律（平成 20 年法律第 79 号）
サイバーセキュリティ基本法	（平成 26 年法律第 104 号）
著作権法	（昭和 45 年法律第 48 号）
国際組織犯罪防止条約	国際的な組織犯罪の防止に関する国際連合条約（平成 29 年 7 月 14 日公布及び告示。平成 29 年条約第 21 号及び外務省告示第 252 号）
サイバー犯罪条約	サイバー犯罪に関する条約（平成 24 年 7 月 4 日公布及び告示。平成 24 年条約第 7 号及び外務省告示第 231 号）

2　本書各所で引用している URL は、2019 年 6 月現在のものです。

第1部　総論

□ 第1章
社会安全政策論への招待

1. 本書の目的：あなたが当事者ならどう考えますか？
   (1) 振り込め詐欺等の概要
   (2) 対策と課題
2. 社会安全政策論の視点
   (1) 定義
   (2) 社会安全政策論の特徴
   コラム：社会安全政策論と危機管理学
   コラム：社会安全政策論とガバナンス研究

1．本書の目的：あなたが当事者ならどう考えますか？
　　──振り込め詐欺対策等を例として

　この書は、犯罪等の問題を必ずしも専門に取り扱ったことのない読者を主な対象として、「犯罪等から社会の安全をいかに守るか」という問題（※以下、「社会安全の問題」と言います）を主体的に考える視点を示すことを目的としています。また、そのための分析枠組みとして、犯罪学の中でも特に社会安全政策論という研究枠組みを紹介します。

　かつて日本では、犯罪対策を始めとする社会安全の問題は、警察、法曹関係者等の一部の専門家によって主に取り扱われていました。したがって、専門家ではない一般国民が犯罪等の問題に直面し、自分自身の意見を持つ必要に迫られる場面は必ずしも多くはなかったと言えます。しかし、今日、専門家ではない一般国民であっても、日常生活の中で社会安全の問題に遭遇する場面は次第に多くなっています。これは、一般の人々が犯罪の加害者や被害者になる場合が多くなったと言っている訳ではありません。むし

ろ日本では、諸外国に比べれば、まだまだそうした可能性は低いと言えます。他方で、例えば、各種の犯罪を防止するための活動等に一般国民の参画や協力が求められる場面は以前にも増して多くなっています。さらに、こうした際に一般国民が社会安全の問題に関する自分自身の意見を持たなければならない場面も多くなっています。以下では、一例として最近の振り込め詐欺を始めとする特殊詐欺の対策を考えてみましょう。

(1) 振り込め詐欺等の概要

振り込め詐欺とは、警察用語で言う特殊詐欺の一種です。[1]『警察白書』等によると、振り込め詐欺を始めとする特殊詐欺は2003年（平成15年）頃から発生が目立ち始め、2014年（平成26年）中の被害総額は約565億5,000万円に達しました。その後、被害額はやや減少しましたが、2018年（平成30年）中の被害額は約364億円に上るなど依然として高水準で推移しています。全般的には65歳以上の高齢者が被害者となる割合が高いと言えますが、ギャンブル必勝情報提供、異性との交際あっせん等を名目とした詐欺では大学生を含む若者が被害者となる場合も少なくありません。他方、こうした犯罪の捜査では、犯行グループの末端の関係者（例えば現金の受け取り役である「受け子」）を検挙したとしても組織の全体を解明・壊滅することは容易ではありません。そのため、犯罪者の側からみれば「ローリスク・ハイリターン」の犯罪行為となっています。

特殊詐欺の特徴としては、①IT技術の活用と匿名性の確保（例：架空・他人名義の携帯電話や金融口座、ネット掲示板の活用）、②広域性・国際性（例：複数の都道府県や国外にまたがる活動）、③手口の巧妙化・多様化（例：様々なカバーストーリーの活用）、④犯行グループの柔軟な組織性（例：グループの頻繁な離合集散、グループ内での分業性や匿名性）、⑤被害者の中に占める高齢者の割合が高いこと、などがあげられます。[2] その意味では、IT化、広域化・

---

[1] 特殊詐欺の類型としては、振り込め詐欺（オレオレ詐欺、架空請求詐欺、融資保証金詐欺及び還付金等詐欺）のほか、金融商品等取引、ギャンブル必勝情報提供、異性との交際あっせん等を名目とした詐欺があります（『平成30年版 警察白書』、32頁）。

国際化、高齢化といった現在の日本社会の特徴の多くを反映した犯罪とも言えます。

⑵ 対策と課題

　現在の特殊詐欺対策の特徴としては、①犯罪発生後の「犯人検挙」のみならず事前の「被害発生防止」の重視、②広範囲な官民の連携の活用、があげられます。

　第一に、前記のとおり、特殊詐欺は、たとえ末端の実行行為者が検挙できたとしても、犯行グループ全体の解明・壊滅は困難な犯罪です。加えて、たとえ検挙できたとしても騙し取られた金銭を取り返して被害を回復することは事実上非常に困難です。こうしたことから、警察等による対策は、実際に被害が発生した後の被疑者の検挙のみならず、そもそも「被害者を作らないこと」、すなわち被害発生防止にも力点が置かれています。

　第二に、前記のような被害発生防止のための努力は、警察のみならず、官民にまたがる非常に多くのアクターを巻き込むことによって実施されています。例えば、被害防止のための各種の広報啓発活動には、地域の防犯ボランティア団体、地方自治体等が関わっていることが少なくありません。また、各種の対策には金融機関、コンビニエンスストア業者、郵便事業者、貨物自動車運送業者、インターネット業者、携帯電話事業者等の民間事業者等も数多く関わっています。[3]

　こうした多くのアクターを巻き込んだ官民にまたがる各種施策は一定の成果をあげていますが、同時に様々な課題にも直面しています。例えば、

---

[2] 犯行の全容解明の困難さの要因としては、①被害者に対面することなく現金等を騙し取ること（**非対面型犯罪**）、②犯行の関係箇所が広域に及ぶこと、③犯行の役割が細分化されるなど巧妙に組織化されていること、④犯行グループが短期間に離合集散を繰り返すこと、などと理解することもできます（『平成30年版 警察白書』、32頁）。

[3] 協力の具体例は次のとおり。**【金融機関】**窓口・ATM等における顧客への注意喚起、ATM利用限度額の引下げ、犯行に利用された預貯金口座の凍結措置。**【携帯電話事業者】**契約時の本人確認の徹底、捜査照会（契約者照会）への迅速な対応、通話履歴データの保存期間の延長。**【インターネット業者】**口座取引等の違法情報の削除や掲載拒否。**【郵便事業者・宅配事業者・コンビニ業者】**被害金が入っていると疑われる荷物の発見・通報、ATM利用者等顧客への注意喚起。

地域の民間ボランティア団体等による広報啓発活動の多くは一般の方々の善意によるものですが、場合によってはこうした活動が参加者にとって過重な負担となる可能性もあります。また、金融機関、郵便事業者等による協力活動は、事業コストの上昇、顧客サービスや利便性の低下などを招く可能性を含んでいます。さらに、インターネット事業者や携帯電話事業者による協力活動は、通信の秘密やプライバシーの保護等の人権上の問題との緊張関係を招く可能性も指摘されています。

このように、今日、社会安全の問題には、警察や法曹関係者等の専門家だけではなく、地方公共団体、私企業、NPO、地域社会、個人等の利害の異なる多様なアクターが関与するようになっています。したがって、犯罪対策等の専門家ではない個人、私企業等であっても、それぞれの立場において社会安全の問題に関する自分自身の考えを主体的に持つ必要に迫られる可能性は従来以上に高まっています。「犯罪対策というのは専ら警察や政府の専門家が考えることであって、自分には関係のないことである」という姿勢は、以前であれば通用したかもしれませんが、もはや通用しなくなりつつあるとも言えます。読者の皆さん自身も、地域社会の活動の中で、あるいは勤務している企業等の活動の中で、こうした問題に直面する可能性が無いとは言えないでしょう。その時、あなたが当事者ならどう考えるでしょうか？

2．社会安全政策論の視点

(1) 定義

本書が取り上げる社会安全政策論という考え方は、「国民のために、社会の治安情勢を良好に維持する（あるいは向上させる）ための政策の在り方を研究するもの」と定義できます。[4] よりわかり易く言うと、前記の特殊

---

[4] この他の定義としては、社会安全政策の定義を「市民が自らの安全と社会生活の上で必要な生活基盤とを、不法な侵害を守ることを、市民自身がコストを負担し、主権者として決定するもの」と

詐欺対策の例に示されるように、「**主権者である国民が社会安全の問題について主体的に判断を行うことを迫られた際に、そうした判断を支援するための分析枠組み**」です。その核心は、「国民の視点を中心に据えていること」、「実効性のある政策を検討するための分析枠組みであること」及び「多様なアクターを検討の対象とすること」にあります。

加えて、前記の特殊詐欺対策の例のように、今日、社会安全の問題には、警察、法曹関係者等の専門家だけではなく、地方公共団体、私企業、NPO、地域社会、個人等の利害の異なる多様なアクターが関与するようになっています。したがって、社会安全政策論とは、「**社会安全の問題に関与している多様なアクター間の利害調整、資源とコストの最適配分等を国民の視点から考える**」ための分析枠組みとも言えます。

⑵　社会安全政策論の特徴

犯罪対策を始めとする社会安全の問題は、従来は刑法学、刑事政策、犯罪学等の研究枠組みによって論じられてきました。こうした伝統的なアプローチと異なる社会安全政策論の特徴として以下の点があげられます。

① 国民の視点を中心に据えている

社会安全の問題を検討するに当たり、伝統的な研究枠組み（刑事学、刑事政策、犯罪学等）は、主に警察を始めとする政府機関の視点から「国家と国民の関わり方」を検討の中心に据える傾向がありました。これに対し、社会安全政策論は、「主権者である国民の視点を中心に捉えて」社会安全の実現のための政策の在り方を検討する研究枠組みです。[5]

したうえで、社会安全政策論の定義を「市民の社会安全政策に関する意思決定（手法の選択に関する意思決定）に有益なものを整理して提示し、市民が理性的な判断をすることに貢献することをめざすもの」（田村（2018）、22頁）、「（社会安全政策論とは）犯罪によって侵害されることのない個人の支配領域の保障と最大化を目指す制度設計と運用改善を論じる法政策学」（堤（2018）、20頁）などがあります。それぞれ表現振りに違いはあるものの、本質的に大きな差異はないと考えられます。

5　言い替えれば、社会安全政策論は、国民を主語として「国民が警察その他の行政機関を含めた様々な手段を利用して、最も効率的に自らの安全を守るにはどうすればよいか」との問題に検討の主眼を置いていると言えます（田村（2006a）、57頁）。

② 実効性のある政策を検討するための理論枠組みである

　伝統的な研究枠組みは、ややもすると実社会における実現可能性よりも科学的真理の探究を重視する傾向がありました。これに対し、社会安全政策論は、科学的真理の探究よりはむしろ、実社会において実効性のある政策を検討するための研究枠組みです。

　ところで、政策が実効性を持つためには、当該政策のもたらす効果とコストのバランスが取れていることが重要です。社会安全政策論において検討される政策コストとしては、金銭的なコスト（例えば、警察等行政機関の運営費用、私企業や個人の安全確保のための費用等）に加え、安全確保に伴う一般市民の権利自由の制約等も含まれます。

③ 多様なアクターを検討の対象とする

　刑法学、刑事政策等の伝統的な研究枠組みの射程（対象）範囲は一般に「犯罪対策を主たる目的とする国家的機関の活動」に限られると解されます。したがって、例えば私人や民間ボランティア団体による防犯活動等はこうした学問の射程には必ずしも含まれません。また、犯罪対策等を直接の目的としない社会福祉政策、労働政策などの社会政策についても、それが結果的に犯罪対策にとって有効であるとしても、こうした従来の研究枠組みの射程には含まれないと解されます（大谷（2009）、3頁）。

　これに対し、社会安全政策論は、こうした犯罪対策等を専らの目的とはしない施策についても議論の対象とします。さらには、私企業、NPO、地域社会、個人等の行動についても、社会安全の問題に関与している限りにおいては、社会安全政策論の対象範囲に含まれると解されます（田村（2006a）、66頁）。なぜならば、社会安全政策論は「国民が社会安全の問題について主体的に判断することを支援するための分析枠組み」だからです。こうした「国民の視点を中心に据える」という目的を達成するためには、国民の視点から見て利用可能性のある政策オプションを、「公的機関によるものであるか否か」や「専ら社会安全の実現を目的とするものか否か」にかかわらず総合的に検討の俎上にあげることが有効と考えられます。

　こうしたことから、前記のとおり、社会安全政策論の中心的課題は、

「社会安全の問題に関与している多様なアクター間の利害調整、資源とコストの最適配分等を国民の視点から考えること」とも言えます。[6] その意味では、社会安全政策論は**ガバナンス研究**（(ある問題に関与している) 多様なアクターの総合的把握や集団的な政策形成プロセスの研究）の一種と言えます（※本章のコラム「社会安全政策論とガバナンス研究」参照）。

　本章では、本書の目的と社会安全政策論の概要を紹介しました。続く第2章及び第3章では、社会安全政策論が形成された背景を紹介します。社会安全政策論の内容については、第1部の最後（※第4章）で改めてより詳細に説明します。

6　社会安全政策論の言う「政策」とは、いわゆる狭義の「政策」（政府による法的・行政的権限によって行う意思決定とその実施≒公共政策）ではなく、広義の「政策」（社会で発生している問題（ないし発生する可能性のある問題）の解決ないし社会状況の改善を図るために計画（立案、設計、デザイン）された一つのまとまりをもった対応策≒社会プログラム）を指すと考えられます（岡部（2006）、4頁；23頁；28頁）。

Column　社会安全政策論と危機管理学

- 社会安全政策論は危機管理学の中の一分野として論じられることもありますが、両者はどのような関係にあるのでしょうか。

- 危機管理学の対象である「危機」の定義については様々な見解があり、例えば、「社会に重大な被害を生じさせる事象」(青山 (2014)、8 頁)、「社会システムの基本的制度構造やそれを支える基本的な価値・規範に変革を迫り、極めて不確定性の高い状況と切迫する時間のなかで、将来に向けて何らかの決定が要求されている脅威や事態」(谷藤 (2014)、49 頁) 等と論じられています。諸説の最大公約数としては、①通常とは違う出来事であること、②大きなダメージをもたらす出来事であること、③ (①及び②の結果として) 通常とは異なる対応が必要な出来事であること、の3要素を指摘することができます。

- 「危機」の概念をこのように捉えると、危機管理学の対象領域は非常に広くなります。これを「危機の原因は何か」という観点から整理すると、ⓐ**自然災害** ((Disaster) 水害、地震、噴火、落雷等)、ⓑ**感染症** ((Virus) 鳥インフルエンザ、SARS 等)、ⓒ**事故** ((Accident) 工場爆発、インフラ関連事故等)、ⓓ**事件** ((Incident) 犯罪、テロ等)、ⓔ**国際紛争** ((International Conflict) 戦争等) 等に分類することが可能です (ⓐ～ⓑは主に非人為的要因、ⓒ～ⓔは主に人為的要因による) (青山 (2014)、8-16 頁)。このうちⓓの事象は、社会安全論の対象とする事象と概ね重なっています。

- さらに、危機への「対応」の在り方を時系列的に整理すると、㋑**予防** (Mitigation)・**準備** (Preparedness)、㋺**対応** (Response)、㋩**修復・復旧** (Recovery) の各段階に分類されると考えられます (青山 (2014)、16-18 頁)。一般にメディア等においては実際に危機が発生した直後の対応 (前記㋺の段階) の在り方が注目されることが少なくありませんが、近年の研究ではあわせて、危機が発生する以前の予防・準備 (前記㋑の段階) の重要性も注目されています (谷藤 (2014)、61-62 頁)。また、全ての段階において、公的アクター (政府、地方自治体等) のみならず私的アクター (私企業、地域社会、NPO、個人等) による「**自助**」の重要性、さらには公的アクターと私的アクターの「**共助**」の重要性が指摘

されつつあります。

- こうした危機管理学の動向は、「多様なアクター間の利害調整、資源とコストの最適配分等を国民の視点から考える」という社会安全政策論の視点にも共通する点が少なくないと言えます。

Column　社会安全政策論とガバナンス研究

◎ガバナンスの定義、社会安全政策論との関係

　ガバナンスの概念には様々見解がありますが、例えば、「ある組織において重要な意思決定や舵取りを行い、また、それらを監視する仕組みやメカニズム」と定義されることがあります（大山（2010）、15頁）。さらに、やや広く「何らかの権限あるいは合意によって、関係者の間における一つの秩序ないしシステム作動の仕組みが作り出されている状態」とする定義もあります（岡部（2006）、29頁）。いずれにせよ、ガバナンス研究とは、「（ある問題に関与している）多様なアクターの総合的な把握や集団的な政策形成プロセスの研究」とも言い得ます。

　一方、前記のとおり、社会安全政策論の中心的課題は、「社会安全の問題に関与している多様なアクター間の利害調整、資源とコストの最適配分等を国民の視点から考えること」です。したがって、**社会安全政策論とは「社会安全の問題に関与している多様なアクター間のガバナンスの在り方に関する研究」と言い得ます。**

◎ガバナンスとガバメント

　ガバナンス（governance）とガバメント（government）はいずれも「舵取り」を意味するギリシャ語、ラテン語を語源とします。日本語では両者とも「統治」と訳される場合が少なくありませんが、今日のガバナンス研究の文脈においては、異なった意味を持つ概念と考えられています。今井（2018）は両者の違いを以下のとおり整理しています。

- 統治の担い手
　［ガバメント］　公的アクター（国、地方公共団体等）
　［ガバナンス］　公的アクター、私的アクター（私企業、NPO、地域社会、個人等）

- 担い手と国民、担い手同士等の関係性
  [ガバメント] ヒエラルヒー構造に基づく垂直的な上下関係
  [ガバナンス] ネットワーク（パートナーシップ）構造に基づく水平的な協力関係
- 統治の方法
  [ガバメント] 制度化された権限に基づく命令、規制、指示等による統治
  [ガバナンス] 交渉、協働等を通じた共治

※出典：今井（2018）、192頁に基づき筆者作成。

◎ガバナンス研究の背景

近年のガバナンスをめぐる研究の高まりの背景に関して、大山（2010）は「『ガバメントからガバナンスへ』という問題意識は、公共的問題の解決にあたっては、これまでのような政府（government）だけによっては十分ではなくなってきたため、政府だけではなく、政府をとりまく環境にいる様々なアクターも、互いに協力して公共的問題の解決に携わる必要が出てきたのではないか、というものである」（大山（2010）、12頁）と指摘しています。

さらに、ガバナンス論における個人の役割に関して、大山（2010）は「いずれにせよ、市民1人ひとりがポリシー・ウォッチャーであるよう努めることが、よいガバナンスの前提条件だろう」と指摘しています（大山（2010）、4頁）。本書における社会安全政策論のキーフレーズが「**あなたが当事者ならどう考えますか？**」であるのと底通する問題意識と言えます。

◎「分析枠組み」としてのガバナンス研究

なお、ガバナンスとは必ずしも完成度の高い精緻な理論ではなく（大矢根（2018）、8-9頁）、「既存の統治制度だけでなく、その外側に存在する社会的アクターやそのネットワークにまで焦点を広げ、統治のプロセスを総合的、統合的に理解するための**分析枠組みを提供するもの**」であるとの指摘もあります（今井（2018、193頁））。本書においては、社会安全をめぐる様々な課題に対して社会安全政策論の考え方に基づく分析・思考の枠組みを提示していますが、必ずしも「それぞれの課題に対する唯一の正解」を示している訳ではありません。背景には、こうしたガバナンス研究の性質があります。

□□□ 更に学びたい方のために □□□

【参考文献】

□ 特殊詐欺──
国家公安委員会・警察庁編（2018）『平成 30 年版 警察白書』警察庁の HP で閲覧可能（https://www.npa.go.jp）。

□ 社会安全政策論──
小林良樹（2011a）「社会安全政策論の考え方──理論形成の背景と意義の再確認」、警察政学会編『警察政策』第 13 巻、105-144 頁。
小林良樹（2011b）「総合政策学としての社会安全政策論」、慶應義塾大学湘南藤沢学会編『KEIO SFC JOURNAL』Vol. 11、No. 1、171-183 頁。
四方光（2007）「社会安全政策論の意義」、四方光『社会安全政策のシステム論的展開』成文堂、3-36 頁。
田村正博（2003）「社会安全政策論の手法と理論(1)～(5)」、『捜査研究』第 621 ～ 625 号。
田村正博（2004）「政策論としての犯罪対策」、日本犯罪社会学会編『犯罪社会学研究』第 29 号、65-80 頁。
田村正博（2006a）「社会安全政策論の今日的意義」、警察大学校編『警察学論集』第 59 巻第 5 号、56-70 頁。
田村正博（2006b）「犯罪統御の手法」、渥美東洋先生古稀記念『犯罪の多角的検討』有斐閣、315-344 頁。
田村正博（2008）「犯罪予防のための警察行政法の課題」、渥美東洋編『犯罪予防の法理』成文堂、105-124 頁。
田村正博（2018）「社会安全政策論における手法・理論・組織」、警察政策学会編『社会安全政策論』立花書房、22-41 頁。
堤和通（2018）「社会安全政策論の意義と展開」、警察政策学会編『社会安全政策論』立花書房、1-21 頁。

□ 危機管理──
青山佾（2014）「危機管理の基本と実際──危機とは何か、危機管理とは何か」、中邨章・市川宏雄編著『危機管理学 社会運営とガバナンスのこれから』第一法規、8-42 頁。
谷藤悦史（2014）「21 世紀の危機管理をどう構築するか──危機管理研究会の議論を踏まえて」、中邨章・市川宏雄編著『危機管理学 社会運営とガバナンスのこれから』第一法規、43-68 頁。

□ その他──
今井良広（2018）「公共ガバナンス論の展開」、金川幸司編著『公共ガバナンス論 サードセクター・住民自治・コミュニティ』晃洋書房、192-207 頁。
大谷實（2009）『新版 刑事政策講義』弘文堂。
大矢根聡（2018）「グローバル・ガバナンス──国際秩序の『舵取り』の主体と方法」、グローバル・ガバナンス学会編『グローバル・ガバナンス学Ⅰ』法律文化社、1-18 頁。
大山耕輔（2010）『公共ガバナンス』ミネルヴァ書房。
岡部光明（2006）「伝統的『政策』から社会プログラムへ」、大江守之他編『総合政策学──問題発見・解決の方法と実践』慶應義塾大学出版会、3-40 頁。

□ 第2章
犯罪学の発展の歴史

```
1．犯罪学とは                3．犯罪予防論
  (1) 定義                    (1) 犯罪学の「パラダイム変化」
  (2) 萌芽                    (2) 犯罪機会論（環境犯罪学）、犯罪
2．犯罪原因論                        被害者学
  (1) 個人に着目する考え方      (3) 犯罪予防論の今日
  (2) 社会環境に着目する考え方  【本章のポイント】
  (3) 統合的な立場             コラム：「割れ窓」理論
  (4) 犯罪原因論の今日
```

　社会安全政策論は、従来からの犯罪学の発展を踏まえて誕生したものです。本章では、犯罪をめぐる学説の歴史について概観します。（社会安全政策論そのものについては、第1部の最後（※第4章）で改めて説明します。）

1．犯罪学とは

(1) 定義

　そもそも、犯罪学（criminology）とは何でしょうか。実は、犯罪学を正確に定義することは容易ではありません。なぜならば、一言で犯罪学と言ってもその内容は多岐にわたり、多くの異なった視点が含まれるからです。敢えて言えば、例えば、「社会内において存在する様々な事象のうち、とくに『犯罪』という現象に焦点を当て研究・考察する学問分野一般を表

15

すもの」と定義することもできます（細井・鴨志田（2011）、1頁）。

(2) 萌芽

　犯罪学の起源はいつ頃なのか、すなわち、人類はいつ頃から犯罪について考えるようになったのかは必ずしも定かではありません。しかし、相当の昔から犯罪の問題が意識されていたことが歴史上の資料からうかがえます。例えば、紀元前1700年代にバビロニア（現在のイラク周辺）を支配したハンムラビ王が発布したハンムラビ法典には既に刑法典の萌芽とも言われる「タリオの法」の規定（「目には目で、歯には歯で」）がみられます。

　歴史的に見ると、犯罪学は主に「なぜ犯罪は発生するのか（犯罪の原因は何か）」あるいは「どうしたら犯罪を防止できるのか」等の問題を考える学問として発展してきました。他方、「刑罰とは何か」や「どのような手続きで刑罰を科すべきか」、すなわち「どのような行為を、どのような手続きで、どのように処罰するのか」等の問題を考える学問は、主に刑法学や刑事訴訟法学として発展してきました。また、刑事司法システムの在り方（例えば、警察、検察、裁判所等の司法機関の役割や機能の体系）や犯罪者の処遇等を考える学問は刑事政策という学問領域として発展してきました。

　ただし、こうした区分はあくまで概ねの目安でしかなく、必ずしも厳密なものではありません。実際には各学問分野が相互に関連、影響し合っています。また、後述するように、今日の犯罪学は、生物学、心理学、社会学、建築学、都市工学等多くの学問分野の影響を受けて発展しています。

2. 犯罪原因論

　前記のとおり、歴史的に見ると、犯罪学は当初「なぜ犯罪は発生するのか」あるいは「犯罪の原因は何だろうか」等の問題に答えることを主な目標として発展してきました。このように、犯罪の原因を主たる検討課題に据える考え方を**犯罪原因論**と言います。こうした立場の背景には、「犯罪

の原因が解明できれば、その原因を除去することによって犯罪を防止できる」との視点があったものと考えられます。

犯罪原因論には更に大別して、「個人の資質に着目する考え方」と「個人を取り巻く社会環境に着目する考え方」の2つの流れがあります。

(1) 個人に着目する考え方

歴史的に見ると、犯罪原因論は当初、「個人の資質に着目する考え方」を中心として発展してきました。すなわち、「犯罪は『人』によって引き起こされるものだ」あるいは「犯罪の原因は『人』だ」との前提に基づき、「どのような人間が犯罪を引き起こすのか」との問題に答えることが犯罪学の中心的な課題でした。

このような問題に対し、例えば中世のヨーロッパでは「犯罪を起こす人(犯罪者)とは、魔女や妖怪に取り憑かれた者である(あるいは、魔女や妖怪の化身である)」との考え方がありました。そうしたことから、当時のヨーロッパでは、ある人物が魔女か否かを判別することを目的として、いわゆる「魔女裁判」が盛んに行われました。ある人物が魔女か否かを判別するため、火炙りや水責めなどが実行された訳です。

中世から近代になると、もう少し実証的な考え方がみられるようになりました。例えば、18世紀後半、イタリアの学者であるロンブローゾは人間の顔つきや頭蓋骨の形に注目しました。ロンブローゾは実際に刑務所に収容されている囚人の顔つきや頭の形を調査・分析し、「ある特定の人相や骨相をしている人物は犯罪者の資質がある」との説を唱えました。こうした考え方は現代から見れば荒唐無稽ですが、魔女裁判を行っていた中世の頃に比べると、実際のデータ等の検証に基づく実証主義的な犯罪学を打ち立てる機運の先駆けになったとも言われます。

その後、ロンブローゾの人相学・骨相学は衰退しましたが、いずれにせよ、こうした「犯罪の原因は『人間』の資質だ」との前提に基づき「どのような人間が犯罪を引き起こすのか」との問題を研究するアプローチは現代に至るまで一定の影響力を持っています。現在、こうしたアプローチに

は大きく分けて2つの流れがあります。第一は、個人の生物学的な要因に着目する考え方(犯罪生物学)です。例えば、個人の持つ遺伝的な要因等の犯罪への影響を解明しようとする学問です。第二は、個人の人格的な要因に着目する考え方(犯罪心理学)です。例えば、個人の性格やパーソナリティー等の要因の犯罪への影響を解明しようとする学問です。

(2) 社会環境に着目する考え方

前記のような「個人の資質に着目する考え方」に対し、20世紀初頭頃になると、米国を中心として、「むしろ人間を取り巻く社会環境の方が犯罪の主たる原因なのではないだろうか」との前提に立ち、「個人を取り巻く社会環境に着目する考え方」が現れてきました。こうしたアプローチは**犯罪社会学**と呼ばれます。犯罪社会学の発展の背景には、当時、米国等において「ある特定の地域においては他の地域に比較して犯罪の発生が相対的に多い」等の社会現象がみられたことがあります。

犯罪社会学の中でも、社会環境の中で具体的にどのような要因に着目するかについては様々の異なった立場があります。代表的な考え方は次のとおりです。[1]

- **緊張理論**(マートン等)
  不平等な社会構造・制度等(貧困、格差等)によって引き起こされる個人の葛藤(悩み、不満、ストレス等)が非行や犯罪の原因とする考え方。
- **分化的接触理論**(文化学習理論)(サザランド等)
  学校・職場、家庭、地域社会等における親密な関係者とのコミュニケーションを通じて逸脱的な文化(行動様式、思考様式、風俗、習慣等)と接触し、これらを学習することが非行や犯罪の原因とする考え方

---

[1] 「社会環境に着目する立場」(犯罪社会学)の中でも、緊張理論、分化的接触理論、アノミー理論は**性善説**に結び付きやすいものです。これに対し、社会統制理論は「本来人間は逸脱行動(非行や犯罪)を犯し易いものである」との前提、すなわち**性悪説**に立脚していると言えます(大渕(2010)、43-45頁)。

（いわゆる「朱に交われば赤くなる」との考え方）。
- **ラベリング理論**（ベッカー等）

　一度逸脱行動（非行や犯罪）を行った者を社会が「逸脱者」とみなして扱うこと（いわゆる「レッテル貼り」）が、当該人物をさらなる逸脱に向かわせるとする考え方。
- **社会統制理論**（ハーシー等）

　「本来人間は逸脱行動（非行や犯罪）を犯し易いものである」との前提に立ち、社会（地域社会、家庭、学校・職場等）における絆（紐帯）が各個人の逸脱行動を防いでいる（したがって、社会的絆が弱まった者が逸脱行使を行ってしまう）とする考え方。こうした社会的絆としては愛着、投資、没入（巻き込み）、規範観念があげられる。

(3) 統合的な立場

　前記の犯罪原因論の諸説は、非行や犯罪の理解に一定の貢献を成したと考えられます。他方で、これらの諸説にはいずれも一長一短があるとも考えられます。

　例えば、個人の資質に着目する犯罪生物学や犯罪心理学は、ミクロのレベルで個別具体の事例を詳細に分析することには優れていますが、より普遍的にマクロのレベルで社会の全般的な犯罪動向等を説明することには長けてはいません。他方、犯罪社会学の諸説は、ある特定の地域ないし時期の状況をマクロ的に鳥瞰するには優れていますが、全ての事象を十分に説明することには長けていません。（例えば、「Aという人物は犯罪者となる一方で、同様の環境下にいる別のBという人物は犯罪を起こさない」という現象を必ずしも十分には説明できないとの指摘がしばしばなされます。）

　このように、犯罪原因論の諸説のうち、どれか一つの説がミクロ及びマクロ双方のレベルにおいて普遍的に絶対的な正解とは残念ながら言えません。そもそも、「個人の資質に着目する立場」と「個人を取り巻く社会環境に着目する立場」のいずれが正しいのかの点についても必ずしも明確にはなっていません。こうしたことから、近年の犯罪原因論には、「個人に

着目する立場」と「社会環境に着目する立場」を統合した立場もみられます。(例えば、**発達的犯罪予防論**等の立場があります。)こうした立場では、①各個人の逸脱傾向（非行や犯罪を行う傾向）は個人的要因と環境的要因が時系列的に相互に影響し合いながら形成される、②個人的要因と環境的要因にはそれぞれ危険因子（逸脱傾向に対して促進的に働くもの）と保護因子（逸脱傾向に対して抑制的に働くもの）がある、と考えられます（原田（2015）、100-103頁；小宮（2018）、49-50頁）。

(4) 犯罪原因論の今日

前記のとおり、犯罪原因論は、「加害者が罪を犯すに至った原因（例えば異常な人格や劣悪な境遇等）を事後的に究明し、その犯行原因を改善・除去することによって将来の犯罪を防止する」という視点に立脚しています。こうした学説に基づく具体的な犯罪対策や刑事司法政策は、犯罪者の個人的資質や境遇を改善すること、すなわち、犯罪者に対する処遇を中心とした「犯罪発生後の事後的な対応」が中心となります。

犯罪原因論は必ずしも完璧なものではないかもしれませんが、現在でも欧米諸国及び日本において、一定の有用性と影響力を持ちつつ、引き続き発展を遂げています。日本における状況を見ても、例えば、刑務所内の受刑者の再犯防止を目的とする矯正処遇、仮釈放者や保護観察付執行猶予者等の社会復帰支援等を目的とする更生保護施策等の多くはこうした犯罪原因論の知見に基づくものと考えられます（※第9章参照）。

3．犯罪予防論

(1) 犯罪学の「パラダイム変化」

前記のとおり、歴史的に見ると、犯罪学は当初「なぜ犯罪は発生するのか」あるいは「犯罪の原因は何だろうか」との問題に答えることを主な目標として発展してきました（犯罪原因論）。この背景として、「犯罪の原因が

解明できれば、その原因を除去することによって犯罪を防止できる」との考え方が前提にあったと考えられます。

　これに対して、20世紀の中盤から後半にかけて、「必ずしも犯罪原因の究明のみに依存せずに、犯罪による被害の発生を阻止しよう」とのアプローチが現れるようになりました。言い替えれば、「犯罪者をつくらない」という視点から「被害者をつくらない」という視点への転換です。犯罪の原因解明を中心とする従来の立場が犯罪原因論と言われるのに対し、被害発生防止を中心とする新しい立場は**犯罪予防論**と言われます。

　こうした変化の背景としては、第一に従来の犯罪原因論の限界があると考えられます。すなわち、「犯罪の主たる原因は個人かあるいは社会環境か」という犯罪原因論の課題に対しては必ずしも明確な解答は得られませんでした。第二に、実務的にも、当時、主に米国において、犯罪原因論に基づく「個人の矯正」等を中心とした刑事政策は必ずしも十分に機能しませんでした。こうしたことから、犯罪原因論の限界が意識され、新たなアプローチが模索されたと考えられます（瀬川（1998）、128頁；小宮（2005）、26-30頁；大谷（2009）、312頁）。

(2)　犯罪機会論（環境犯罪学）、犯罪被害者学

　では、「被害者をつくらない」ためにはどうしたらよいのでしょうか。第一には、潜在的被害者である「個人」に着目し、各個人が自己防犯意識を高めるよう働き掛けることが考えられます。加えて、20世紀後半から、犯罪の発生する「環境」ないしは「空間」に着目する考え方が現れ始めました。すなわち、「犯罪者の視点から見て、犯罪を実行し難い環境と実行し易い環境がある」との前提に立ち、「犯罪者にとって犯罪を実行し難い環境を整えることによって犯罪被害を防止する」との考え方です。こうした考え方は、**犯罪機会論**あるいは**環境犯罪学**と呼ばれます。[2]

　環境犯罪学では、犯罪を予防するために「潜在的な犯罪者にとって、犯行に都合の悪い状況」を作り出すことが検討されます。こうした環境整備には、ハード面（道路や建物等の物理的な環境の整備）とソフト面（人々の団結

心や警戒心等の心理的な環境の整備）の双方が含まれます（大谷（2009）、314頁）。

ハード面の環境整備の例としては、「敷地の周囲に塀、柵囲い、フェンス等を設けたり、門に施錠することによって『区画性』を明示すること」、「植え込みの配置を工夫したり、防犯カメラや街灯を設置するなどして、見通しのきかない場所をなくすこと（『視認性』の確保）」等があげられます。ソフト面の環境整備の例としては、「入口での身分確認の励行等によって『縄張り意識』を明示すること」、「来訪者への声掛けの励行等によって『当事者意識』を持つこと」、「整理整頓によって『管理者意識』を明示すること」等があげられます。

さらに、こうした環境整備は、「どのような要素が犯罪を抑止するのか」という観点から、以下のように「領域性」、「監視性」、「抵抗性」という3つの観点から整理されることもあります。これらの3要素がそれぞれハード面とソフト面の双方を含みます（小宮（2005）、98-100頁；小宮（2015）、156-174頁）。

- **領域性**(侵入されにくい環境)：**犯罪者の力が及ばない範囲を明確に示すこと**
    - ハード面：区画性（境界によって区別されている状態）の明示
        - （例）堀、柵囲い、フェンス等の設置
    - ソフト面：縄張り意識（犯罪者の侵入を許さないという意思）の明示
        - （例）入口での身分確認や手荷物検査の実施、防犯看板の設置
- **監視性**（人目に付き易い環境）：**犯罪者の行動を見張り、犯行対象を見守ること**

---

2 別の言い方をすれば、犯罪機会論とは「犯罪の機会を与えないことが犯罪の予防（未然防止）の核心である」とする考え方です。すなわち、「犯罪者と非犯罪者との差異はほとんどなく、犯罪性が低い者でも犯罪機会があれば犯罪を実行し、犯罪性が高い者でも犯罪機会がなければ犯罪を実行しない」との前提に基づき、「犯罪対策とは犯行に都合の悪い状況を作り出すことである」とする視点が「犯罪機会論」の特徴です（大谷（2009）、314頁）。

なお、こうした「犯罪機会論」の考え方の前提には**合理的選択理論**、すなわち「犯罪者は『犯罪から得る利益（ベネフィット）を最大にすること』と『犯罪が失敗した時の損失（コスト）を最小にすること』を考慮し、犯罪の有無、方法、場所等を合理的に選択している」との考え方があります（瀬川（1998）、119頁；129頁）。

- ハード面：視認性（周囲からの視線が犯罪者に届く状態）の確保
    - （例）植栽管理、防犯カメラや街燈の設置、壁のガラス張り化
- ソフト面：当事者意識（主体的にかかわろうという意思）の明示
    - （例）挨拶運動、防犯パトロール等
- **抵抗性**（きちんとした環境）：**犯罪者から加わる力を押し返す意思を示すこと**
    - ハード面：恒常性（一定して変化しない状態）の明示
        - （例）施錠、防犯ブザーの設置
    - ソフト面：当事者意識（望ましい状態を維持しようという意思）の明示
        - （例）整理整頓

(出典：小宮（2018）、56-57頁；同（2015）、170-174頁；同（2005）、44-46頁を基に筆者作成。)

なお、1980年代頃から、「割れた窓ガラスに象徴される些細な秩序違反の放置は、大きな秩序違反を誘発し、地域の治安悪化を招く」との考えが提唱され始めました。こうした考え方は**「割れ窓」理論**と呼ばれます。「割れ窓」理論は、犯罪機会論や環境犯罪学の指摘する抵抗性を特に強調したアプローチと考えられます（※本章コラムを参照）。

一方、不幸にして犯罪被害者となってしまった方やその家族等（犯罪被害者等）が被る事件後の二次的被害（精神的苦痛、経済的負担等）の防止等については、従来の犯罪学は必ずしも十分な関心を払ってきませんでした。しかし、こうした問題に関しても、欧米等においては概ね1960年代頃から**犯罪被害者学**として関心が払われるようになりました。[3]

---

3 犯罪被害者学は欧米等においては概ね1960年代頃から次第に発展してきましたが、こうした動向を受けて、日本でも1990年（平成2年）に被害者学会が設立されています（※第9章参照）。日本では、2000年（平成12年）に刑事手続き過程における被害者等の権利を強化する刑事訴訟法の改正が行われたのに続き、2004年（平成16年）には犯罪被害者等基本法が成立しました。（同法第3条では「犯罪被害者等は個人の尊厳が重んぜられ、その尊厳にふさわしい処遇を保障される権利を有する」旨が明記されています。）

⑶　犯罪予防論の今日

　前記のとおり、犯罪原因論に基づく犯罪対策や刑事司法政策は、犯罪者に対する処遇（矯正処遇、保護観察付執行猶予、仮釈放等）を中心とした「犯罪発生後の事後的な対応」が中心となります。これに対して、犯罪予防論（機会論）に基づく施策は、犯罪の起こりにくい環境作り（防犯活動等）を中心とした「犯罪が発生する前の未然防止」が中心となります。また、こうした諸施策は警察を始めとする公的機関のみで担えるものではなく、私企業、地域社会、個人等多数のアクターの参画を求めるものとなります。

　犯罪予防論には一定の批判もあることも確かです。第一は、犯罪原因の究明なくしては本質的な問題の解決にはなり得ないとの批判です。特に、犯罪機会論や環境犯罪学に対しては、「たとえ特定地域の犯罪が抑止できたとしても、それは、犯罪を別の場所に移転させているだけではないか」との批判があります。第二は、差別やプライバシー侵害等への懸念です。すなわち、犯罪機会論等に基づく街づくりを徹底すると、地域社会が要塞化され、ホームレス等が不当に差別・排除されたり、街頭防犯カメラ等によって一般市民の権利自由（プライバシー等）に影響が及ばないかとの指摘です（小俣・島田（2011）、170頁）。

　こうした批判はあるものの、犯罪予防論は、犯罪原因論とともに、現在でも欧米諸国のみならず日本においても、一定の有用性と影響力を持ちつつ、引き続き発展を遂げていることも事実です。後述するように、近年（2003年（平成15年）以降）、日本においては犯罪の抑止を主たる目的としたいわゆる「安全・安心まちづくり」のための各種の施策等（例えば、防犯ボランティア団体の活動、街頭防犯カメラの設置）等が実施されています。こうした各種施策には、犯罪予防論の考え方が大きく影響しています（※第3章参照）。

　社会安全政策論の考え方も、こうした従来からの研究枠組みに一定の影響を受けていると考えられます。

【本章のポイント】

◎犯罪学の発展の歴史と、「犯罪」を考える際の4つの視点
- 犯罪学には、概ね次の4つの異なった視点があります。
- 歴史的には概ね、①及び②から③及び④へと発展してきました。

① 「犯罪」そのもの（犯罪とは何か）に着目 ⇒ 刑法学等

② 「加害者」に着目 ⇒ 犯罪原因論
   ・個人の資質に着目 ⇒ 犯罪生物学、犯罪心理学
   ・社会環境に着目 ⇒ 犯罪社会学
   ・個人的要因と環境的要因の相互作用に着目 ⇒ 発達的犯罪予防論等

③ 「被害者」に注目
   ・潜在的被害者に着目 ⇒ 犯罪予防論、犯罪機会論
   ・事件発生後の被害者等に着目 ⇒ 犯罪被害者学

④ 「犯罪空間」あるいは「環境」に着目 ⇒ 犯罪予防論、犯罪機会論、環境犯罪学

◎政策へのインプリケーション
- 犯罪対策を考える際、上記の①〜④の異なった視点を駆使して複合的にアプローチすることは非常に有用です。例えば、
  - 従来は犯罪とされていなかった行為を新たな立法等によって犯罪化することは、主に①に着眼した施策です。
  - 再犯防止を目的とした諸施策のうち、服役中の受刑者等に対する矯正処遇、仮釈放者や保護観察付執行猶予者に対する更生保護施策等は主に②に着眼した施策です。
  - 被害発生防止や犯罪の抑止を目的とした「安全・安心まちづくり」のための各種の施策等（例えば、防犯ボランティア団体の活動、街頭防犯カメラの設置等）は主に③や④に着目した施策です。

- こうした犯罪学の発展は、日本における各種施策にも大きな影響を与えているほか、社会安全政策論の発展の土台にもなっています（※第3章参照）。

Column 「割れ窓」理論

- 「割れ窓」理論とは、簡単に言えば「軽微な法令違反や些細な無秩序状態（例えば、割れた窓ガラス、壁の落書き、駐車場の放置自転車、公園のゴミ箱の乱れ等）の放置は、より大きな秩序違反を誘発し、地域の治安悪化を招く」との考え方です。1980年代頃から主に米国で提唱されるようになりました。

- 同理論は、「割れた窓ガラスが放置されているような場所では、『縄張り意識』が感じられないので、犯罪者といえども警戒心を抱くことなく気軽に立ち入ることができ、更に、『当事者意識』も感じられないので、犯罪者は『犯罪を実行しても見つからないだろう』『見つかっても通報されないだろう』『犯行は制止されないだろう』と思い、安心して犯行に着手する」と主張します（小宮（2005）、356-358頁）。その上で、「割れ窓、落書き、ゴミ散乱、放置自転車等の些細な秩序維持を放置しないことが地域における全般的な犯罪の抑止につながる」と主張します。このように、「割れ窓」理論は「縄張り意識」と「当事者意識」を高めることによって犯罪者に対する心理的なバリアを築こうとするものであり、「環境犯罪学」の論じる3要素の中の「抵抗性」の心理的側面（ソフト面）に着目した考え方と言えます（大谷（2009）、314-315頁）。

- 「割れ窓」理論は、1990年代のニューヨーク市における治安回復策との関連でも注目を集めました（小俣・島田（2011）19頁；140-1頁；168-70頁；280頁）。他方で、同理論に関しては、近年、その効果や有効性を疑問視する見方もあります。例えば、1990年代のニューヨーク市の治安改善に関しては、同時並行で実施された他の様々な施策の効果ではないかとの見方もあります。同理論の有効性に関する研究者等による検証作業は現在も継続して行われています。

＊ 「割れ窓」理論とゼロ・トランス（不寛容）政策、「警察の正統性」理論等との関係については、第9章のコラムを参照してください。

□□□ 更に学びたい方のために □□□

【参考文献】

□ **書籍**──

大谷實（2009）『新版 刑事政策講義』弘文堂。
大渕憲一（2006）『犯罪心理学──犯罪の原因をどこに求めるのか』培風館。
岡邊健編（2014）『犯罪・非行の社会学──常識をとらえなおす視座』有斐閣。
小俣謙二・島田貴仁編著（2011）『犯罪と市民の心理学──犯罪リスクに社会はどうかかわるか』北大路書房。
小林寿一（2008）『少年非行の行動科学──学際的アプローチと実践への応用』北大路書房。
小宮信夫（2005）『犯罪は「この場所」で起こる』光文社。
小宮信夫（2015）『なぜ「あの場所」は犯罪を引き寄せるのか』青春出版社。
瀬川晃（1998）『犯罪学』成文堂。
原田隆之（2015）『入門 犯罪心理学』筑摩書房。
藤本哲也（2011）『よくわかる刑事政策』ミネルヴァ書房。
藤本哲也（2015）『刑事政策概論』青林書院。
細井洋子・鴨志田康弘（2011）『犯罪と社会』学文社。
守山正・安部哲夫（2017）『ビギナーズ刑事政策（第3版）』成文堂。
矢島正見他編（2009）『改訂 よくわかる犯罪社会学入門』学陽書房。

□ **論文等**──

小宮信夫（2006）「犯罪機会論と安全・安心まちづくり」、渥美東洋先生古稀記念『犯罪の多角的検討』有斐閣、356-358頁。
小宮信夫（2018）「犯罪予防の理論」、警察政策学会編『社会安全政策論』立花書房、42-62頁。

□ 第 3 章
戦後の日本の犯罪情勢

1. 安全（客観的な犯罪統計）
2. 安心（主観的な体感治安）
3. 他国との比較
   (1) 安全
   (2) 安心
4. 平成前期における犯罪情勢の悪化の要因
   (1) 犯罪者を取り巻く社会的環境の変化
   (2) 被害者を取り巻く社会的環境の変化
   (3) 警察活動を取り巻く社会状況の変化
5. 2003年（平成15年）以降の政府による総合的な犯罪対策
   (1) 政府における犯罪対策の枠組みの設置
   (2) 総合的な犯罪対策プログラムの策定
   (3) 官民の連携による犯罪の未然防止策の推進
   (4) その他
【本章のポイント】

　第1章で紹介した社会安全政策論という理論枠組みが提唱された背景には様々な要因がありますが、その一つは、平成前期（平成初期から 13-14 年頃）における犯罪情勢の悪化です。それまではみられなかった犯罪情勢の大幅な悪化を背景として、伝統的な犯罪学や刑事政策等の理論枠組みの限界を克服し得る新たな研究枠組みが必要とされたと考えられます。
　以下では、第二次世界大戦後の犯罪情勢の推移、さらに最近の政府による総合的な犯罪対策プログラムについてそれぞれ概観します。[1]

1　治安の問題を語る際には「安全・安心」と言う言葉がよく使用されます。一般に「安全」は「犯罪統計等に基づく客観的な犯罪情勢」を、「安心」は「国民の主観に基づく体感治安」をそれぞれ意味する場合が少なくありません。本書もそうした用法に従い、安全と安心の両面から犯罪情勢の推移を概観します。

1. 安全（客観的な犯罪統計）

図3-1は、戦後の刑法犯の認知件数及び検挙率の推移です（出典：警察庁『年間の犯罪』、『犯罪統計資料』及び『犯罪情勢』（各年版）等）。[2] その特徴点は次のようにまとめることができます。

① 統計上の犯罪情勢は、戦後から昭和期には概ね安定していたものの、昭和末期から平成初期にかけて大幅に悪化しました。[3]
② 犯罪情勢の悪化傾向は特に1995年（平成7年）以降急速に進み、2001-2002年（平成13-14年）に戦後最悪を記録しました。[4]
③ 2003年（平成15年）以降、犯罪情勢は改善しています。特に、刑法犯認知件数は最悪時（2002年（平成14年））の30％以下まで減少し、戦後最良のレベルにまで回復しています。[5]

罪種別に見ると、戦後ほぼ一貫して全刑法犯の70％以上（多い時は90％

---

2 「認知件数」、「検挙件数」、「検挙率」の定義は次のとおりです（『平成30年版 警察白書』、凡例）。
・認知件数：警察において発生を認知した事件の数。
・検挙件数：警察で検挙した事件の数（特に断りのない限り、解決事件の件数を含む）。
・検挙率：認知件数に対する検挙件数の割合を次のとおり計算して百分比で示したもの。
　　　［検挙件数（当該年の前年以前の認知事件の検挙を含む。）／当該年の認知件数］×100
なお、注意するべき点として次の2点があります。
第一に、本書で使用している統計は、特に断りのない限り警察の発表している統計です。しかし、犯罪の中には、警察以外の捜査機関（検察庁等）によって認知、検挙されるものもあります。
第二に、犯罪の中には、警察等の捜査機関に認知されないもの（暗数）もあり得ます。したがって、認知件数イコール発生件数ではありません。
3 昭和期には毎年の刑法犯認知件数は約150万件、検挙率は約50-60％で概ね安定していました。
4 刑法犯の認知件数は2002年（平成14年）に戦後最高値（約285万4,000件）、検挙率は2001年（平成13年）に戦後最低値（19.8％）をそれぞれ記録しました。
5 刑法犯認知件数は犯罪の発生件数ではありません。しかし、犯罪の発生情況を示す指標ではあります。
2003年（平成15年）以降、刑法犯認知件数は減少しており、2018年（平成30年）には約81万7,000件にまで減少しました。これは戦後最良の水準までの回復と言えます。検挙率も、平成2002年（平成14年）以降概ね回復傾向を示しており、2018年（平成30年）には37.9％まで回復しました。ただし、昭和期のレベルにまでは回復していません。

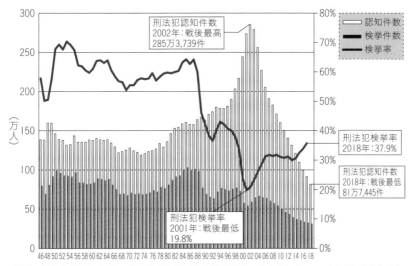

【図 3-1】戦後の全刑法犯の認知件数、検挙件数、検挙率の推移（1946～2018年）

刑法犯認知件数
2002年：戦後最高
285万3,739件

刑法犯検挙率
2018年：37.9%

刑法犯認知件数
2018年：戦後最低
81万7,445件

刑法犯検挙率
2001年：戦後最低
19.8%

（出典：警察庁『年間の犯罪』、『犯罪統計資料』及び『犯罪情勢』（各年版）等のデータを基に筆者作成。）

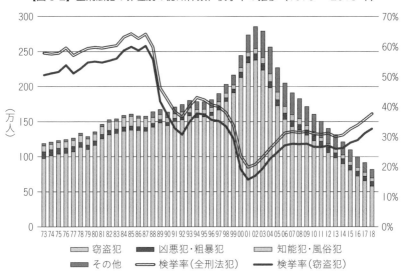

【図 3-2】全刑法犯の罪種別の認知件数、検挙率の推移（1973～2018年）

窃盗犯　凶悪犯・粗暴犯　知能犯・風俗犯　その他　検挙率（全刑法犯）　検挙率（窃盗犯）

（出典：警察庁『年間の犯罪』、『犯罪統計資料』及び『犯罪情勢』（各年版）等のデータを基に筆者作成。）

近く）は窃盗犯で占められています（図3-2）。ちなみに、2018年（平成30年）の刑法犯の認知件数の罪種別の内訳をみると、窃盗犯が71.2%、凶悪犯が0.6%、粗暴犯が7.2%、知能犯が5.2%、風俗犯が1.1%、その他が14.6%となっています。[6]

　平成期における犯罪情勢の変化の原因については後述しますが、統計値の推移を見る限り、全刑法犯の認知件数の推移と窃盗犯の認知件数の推移はほぼ一致しています（『平成30年版 警察白書』(2018)、5-7頁；守山・安部(2017)、270-273頁；大渕(2006)、7頁；大谷(2009)、25頁）。

2．安心（主観的な体感治安）

　社会の安全を国民が主観的にどう感じているのか、すなわち、いわゆる「体感治安」[7]については、内閣府が適時実施している「社会意識に関する世論調査」によって推測することが可能です。この世論調査の中では、「日本の国や国民について、誇りに思うことはどんなことか」、「現在の日本の状況について、悪い方向に向かっていると思われるのはどのような分野か、良い方向に向かっていると思われるのはどのような分野か」について国民の意見が問われています。

　第一の「日本の国や国民について誇りに思うことはどんなことか」（複数回答、上位4項目を回答）という質問に対して「治安の良さ」を指摘する回答は、平成初期には50%弱でしたが、その後は減少を続け2005年（平

6　**【凶悪犯】**殺人、強盗、放火、強姦。**【粗暴犯】**暴行、傷害、脅迫、恐喝、凶器準備集合。**【窃盗犯】**窃盗。**【知能犯】**詐欺、横領（占有離脱物横領を除く。）、偽造、汚職、背任、「公職にある者等のあっせん行為による利得等の処罰に関する法律」に規定する罪。**【風俗犯】**賭博、わいせつ。
　　報道等で大きく報じられることが比較的多い殺人事件等の凶悪犯の認知件数は、数量的には刑法犯認知件数全体の1%以下に過ぎません。

7　「**体感治安**」については必ずしも定義が定まっている訳ではありませんが、例えば大谷は「犯罪の数値やデータとは別に、国民が感じている治安の水準」と定義しています（大谷(2009)、27頁）。「**犯罪不安感**」と呼ばれることもあります。体感治安は、客観的な犯罪情勢のみならず、マスメディアによる犯罪報道等によって影響を受ける部分も少なくないとみられます（守山・安部(2017)、276-278頁）。

成17年)には18.0%にまで低下しました。しかし、同年を底値としてその後は回復傾向に転じ、2017年(平成29年)には58.7%まで回復しました。この値は、「美しい自然」、「すぐれた文化や芸術」、「長い歴史と伝統」を選択した回答数を上回っています(図3-3)。

第二の「現在の日本の状況について、悪い方向に向かっていると思われるのはどのような分野か」(複数回答、上位4項目を回答)という質問に対して「治安」を指摘する回答は、1998年(平成10年)では18.8%に過ぎなかったのに対して、2005年(平成17年)には47.9%にまで上昇しました(全項目中のトップ)。しかし、その後は減少に転じ、2017年(平成29年)には14.4%まで減少しています。同様に、「良い方向に向かっていると思われるのはどのような分野か」(複数回答、上位4項目を回答)という質問に対して「治安」を指摘する回答は、1998年(平成10年)には15.1%であったのに対して、2004年(平成16年)及び2005年(平成17年)には4.2%にまで下降しました。しかし、その後は上昇に転じ、2017年(平成29年)には22.0%まで回復しています(図3-4)。[8]

以上のデータから読み取れる特徴は次のようにまとめることができます。

① 体感治安は1993年(平成5年)頃から悪化し始め、2004-2005年

---

[8] 2004年(平成16年)以降、内閣府が数年ごとに不定期に実施している「治安に関する世論調査」の結果からも概ね同様の結果がうかがわれます。

質問:「現在の日本が、治安がよく、安全で安心して暮らせる国だと思うか」

	そう思う	そう思わない	わからない どちらともいえない
2004年(平成16年)7月	42.4%	54.7%	2.9%
2006年(平成18年)12月	46.1%	52.5%	1.3%
2012年(平成24年)7月	59.7%	39.4%	0.9%
2017年(平成29年)9月	80.2%	18.9%	0.8%

※ 「そう思う」は「そう思う」と「どちらかといえばそう思う」を含む。
※ 「そう思わない」は「そう思わない」と「どちらかといえばそう思わない」を含む。
※ 調査対象年齢は、2004〜2012年調査が20歳以上、2017年調査が18歳以上。

(出典:内閣府「治安に関する世論調査」(平成29年9月実施)のデータを基に筆者作成 (https://survey.gov-online.go.jp/tokubetu/h29/h29-chiang.pdf)。)

【図 3-3】「日本の国や国民について誇りに思うことはどんなことか」との質問に対する回答の割合（％）（上位 4 項目を表示）（1991～2018 年）

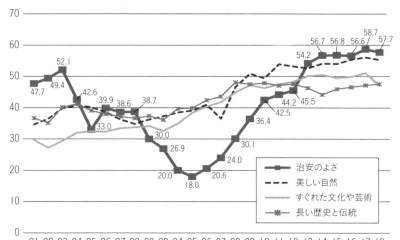

※ 2016 年までは 20 歳以上、17 年以降は 18 歳以上。
（出典：内閣府「社会意識に関する世論調査」のデータを基に筆者作成。）

【図 3-4】「現在の日本で、悪い方向に向かっている分野は何か、良い方向に向かっている分野は何か」との質問に対して「治安」を回答した割合（％）（1998～2018 年）

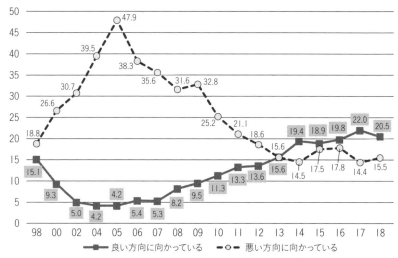

※ 2016 年までは 20 歳以上、17 年以降は 18 歳以上。
（出典：内閣府「社会意識に関する世論調査」のデータを基に筆者作成。）

（平成16-17年）に記録のある1991年（平成3年）以降で最悪を記録しました。
② その後は回復に転じ、2013年（平成25年）頃までには概ね平成初期のレベルまで回復しました。

なお、前記のとおり、「犯罪統計等に基づく客観的犯罪情勢」（安全）は2001-2002年（平成13-14年）に戦後最悪を記録してその後は回復傾向を示しています。これに対し、体感治安（安心）は2005年（平成17年）まで悪化が継続しました。このように、安全と安心の時系列的な推移は、概ね同一の方向性を示しているものの、完全には一致せず若干のタイムラグがあることがうかがわれます。

3．他国との比較

(1) 安全

異なった国同士の犯罪情勢を客観的に比較することは容易ではありません。これは、各国ごとに刑事法の定めや統計手法が異なり単純な比較になじみにくいからです。

こうした問題はあるものの、法務省の発行する『犯罪白書』では、国連薬物・犯罪事務所（UNODC）の犯罪統計データに基づき主要国の犯罪情勢の比較を試みています。図3-5及び図3-6は2010-2014年（平成22-26年）の間の日本、米国、フランス、英国、ドイツにおける殺人及び窃盗の発生率（人口10万当たりの発生件数）を比較したものです。当該データによると、日本における殺人及び窃盗の発生率は他の主要国に比較して非常に低いことが示されています。なお、同じ統計のデータからは、強盗及び強制性交等についても同様の傾向が示されています（『平成30年版 犯罪白書』第1編第3章）。

【図 3-5】各国における殺人の発生率（人口 10 万人当たりの発生件数）の比較
（米、仏、英、独、日：2010 ～ 2014 年）

	2010 年	2011 年	2012 年	2013 年	2014 年
米 国	4.8	4.7	4.7	4.5	4.4
フランス	1.3	1.4	1.2	1.2	1.2
英 国	1.2	1.0	1.0	0.9	0.9
ドイツ	1.0	0.9	0.8	0.8	0.9
日 本	0.4	0.3	0.3	0.3	0.3

（出典：『平成 30 年版 犯罪白書』第 1 編第 3 章のデータを基に筆者作成。）

【図 3-6】各国における窃盗の発生率（人口 10 万人当たりの発生件数）の比較
（米、仏、英、独、日：2010 ～ 2014 年）

	2010 年	2011 年	2012 年	2013 年	2014 年
米 国	2,910	2,873	2,742	2,584	2,499
フランス	2,678	2,697	2,792	2,809	2,759
英 国	3,531	3,203	3,103	2,932	―
ドイツ	2,185	2,173	2,194	2,226	2,274
日 本	625	579	528	472	427

（出典：『平成 30 年版 犯罪白書』第 1 編第 3 章のデータを基に筆者作成。）

【図 3-7】各国の体感治安の比較（「夜間に居所の付近の路上を一人で歩いている時に安全と感じられるか」との質問に対する YES 解答の比率）

	2005 年～2007 年	2008 年～2010 年	2011 年～2013 年	2014 年～2016 年
カナダ	77.2	77.1	79.8	80.9
英 国	62.4	66.8	73.1	77.4
ドイツ	73.5	73.0	77.4	75.9
米 国	75.1	76.6	74.5	74.1
日 本	62.5	68.7	71.4	70.6
フランス	69.5	63.8	65.6	69.6
イタリア	60.0	58.7	60.2	58.3
OECD 平均	66.0	66.0	67.8	68.6

（出典：OECD "How's Life? 2017" のデータを基に筆者作成。）

(2) 安心

　国民の体感治安に関しては、経済協力開発機構（OECD）が加盟国において数年ごとに実施している世論調査の中に「夜間に居所の付近の路上を一人で歩いている時に安全と感じられるか」との質問事項が含まれています。2014-2016 年（平成 26-28 年）に実施された調査では、上記の質問に「安心と感じる（YES）」と回答した比率は、日本では 70.6％でした。これは、G7 諸国の中では 5 番目に位置しています。それ以前の 3 回の同種の世論調査においても日本は 7 か国中 4 番又は 5 番目でした（OECD "How's Life？2017"）。[9]

---

[9] なお、主要先進国が参加する「国際犯罪被害実態調査（International Crime Victimisation Survey: ICVS）」によると、日本の場合、（国全体ではなく）自分自身にとって身近な空間に関する市民の不安感（例えば、夜間の一人歩きに対する不安、不法侵入の被害にあう不安等）は、2000 年頃から上昇し、2000 年代中盤以降比較的高い水準で維持されているとみられます（守山・安部（2017）、281 頁）。

いずれにせよ、日本の場合、他の先進国との比較において、安全（客観的な犯罪情勢）は非常に良好な状況にある一方で、安心（主観的な体感治安）は相対的に必ずしも高くはないとみられます。このように、各国間の比較において、安全と安心の動向は必ずしも一致せず、両者の間には乖離があり得ることがうかがわれます。

4. 平成前期における犯罪情勢の悪化の要因

　前記のような平成前期における犯罪情勢の急激な悪化（より正確には刑法犯認知件数の増加）の原因は何でしょうか。この問題に関しては、これまでにも多くの識者によって様々な見解が述べられていますが、依然として科学的な裏付けを持った定説は示されていません。これまでの様々な議論を踏まえつつ本書としての見解を述べるとすれば、その原因は「犯罪者を取り巻く社会的環境の変化」、「被害者を取り巻く社会的環境の変化」、「警察活動を取り巻く社会的環境の変化」の3つの側面から整理できると考えられます。[10]

(1) 犯罪者を取り巻く社会的環境の変化

　「犯罪者を取り巻く社会的環境の変化」としては、具体的には「広域化・国際化」、「IT化・サイバー化」、「社会的統制力の低下」、「経済の停滞」の4つの項目が指摘できます。なお、これらの要因は必ずしも相互

10　前記のとおり、統計上は戦後一貫して窃盗犯が全刑法犯の約70-90%を占めています。そして、平成期における窃盗犯の増減傾向と全刑法犯の増減傾向はほぼ一致しています。したがって、数量的には、窃盗犯数の認知件数の増減が全刑法犯の認知件数の増減の背景にあると考えられます。
　加えて、『平成30年版　警察白書』は、街頭犯罪（ひったくり、自転車盗等）及び侵入犯罪（侵入窃盗等）の増減、少年犯罪の増減が平成期における全刑法犯の認知件数の増減の背景にあるとみられる旨を指摘しています（『平成30年版　警察白書』、3頁；20-23頁）。
　【街頭犯罪】：路上強盗、ひったくり、自動車盗、オートバイ盗、車上ねらい、部品ねらい及び自動販売機ねらいのほか、強制性行等、強制わいせつ、略取誘拐、暴行、傷害及び恐喝のうち街頭で行われたもの。**【侵入犯罪】**：侵入強盗、侵入窃盗及び住居侵入。

に完全に独立しているものではなく、密接に関連している部分も少なくないと考えられます。

(イ) 広域化・国際化

　近年の交通網（高速鉄道、航空機等）や情報通信網（インターネット、SNS等）の急速な発達は、各種の社会・経済活動の広域化・国際化をもたらしました。言うまでもなく、こうした動向は一般的に社会の発展にとって好ましいことです。しかし同時に、副作用として、犯罪の対象・機会が空間的にも時間的にも拡大することを可能としました。平成初期の来日外国人犯罪の増加等はその一例と言えます（※第6章参照）。警察を始めとする捜査機関にとって、広域犯罪や国際犯罪への対応は、ローカルな犯罪への対応に比べてより困難であり、より多くのリソース（人員、予算、権限等）を必要とするものです。したがって、こうした動向は、警察力の相対的な低下をもたらし、結果として犯罪情勢全般に悪影響をもたらす一因となったと考えられます。

(ロ) IT化・サイバー化

　携帯電話（スマートフォンを含む、以下同じ）、インターネット等の発達を始めとする近年の各種のIT環境の進展は、各種の犯罪の機会の空間的な拡大と匿名化をもたらしました。例えば、携帯電話や金融機関の自動現金支払機（ATM）を利用した振り込め詐欺等を始めとする特殊詐欺は、都道府県境はもとより国境を越えた犯行であることが少なくありません。しかも、携帯電話の所有者が不明確である場合や、通話履歴が残らない場合には、被疑者の特定や追跡が困難となります。インターネットを利用したネット詐欺等にも同様のことが指摘できます。また、インターネット等によりサイバー空間を利用すれば海外とも容易に連絡をとることが可能となり、その意味でIT化・サイバー化は前記の広域化・国際化と密接に関連しているとも言えます。こうした動向は、前記の広域化・国際化と同様に警察を始めとする捜査機関等に対してより大きな負担を課すものです。したがっ

て、やはり警察力の相対的な低下をもたらし、結果として犯罪情勢全般に悪影響をもたらす一因となったと考えられます（※第7章参照）。

(ハ) 社会的統制力の低下

　ここでの社会的統制力とは、簡単に言うと「犯罪の発生を抑止する社会の力」のことを意味します。近年の社会的統制力の低下の背景には、各種の規範意識の低下に加え、高齢化社会の進展、核家族化、地方の過疎化の進展による「地域社会・家庭等における犯罪に対する抵抗力の低下」等が関係していると考えられます（『平成30年版　警察白書』、19頁）。[11]

　第一は「規範意識の低下」です。例えば、近年増加している特殊詐欺の被疑者の中には、加害意識が薄く「楽に大金が稼げる」（拝金主義）あるいは「ゲームのような感覚」という安易な意識で犯行に及んでいる者も少なくないとみられます。また、暴力団の資金獲得活動に協力しているいわゆる共生者の増加や企業犯罪の増加の背景にも、単純かつ安易なビジネス感覚があるとの指摘もあります（NHKスペシャル「職業"詐欺"」取材班（2009））。

　第二は「地域社会・家庭等における犯罪に対する抵抗力の低下」です（『平成30年版　警察白書』、19-20頁）。例えば、前記の特殊詐欺の被害者の中では特に独居の高齢者の割合が高くなっていますが、この背景には家族と離れて暮らす独居老人世帯の増加（高齢化、核家族化）があると考えられます。（大家族であれば、他の家族が不審に気付く可能性が高いと考えられます。）また、昭和末期から平成初期にかけての少年犯罪の増加や近年の児童虐待の増加の背景には、地域におけるいわゆる「近所付き合い」の範囲の縮小や、地域社会ぐるみで少年を育成しようとの意識の低下が関連しているとも考えられます。

11　こうした地域社会の力については、**ソーシャル・キャピタル（social capital）** という概念で各種の研究がなされています。ソーシャル・キャピタル（社会関係資本）とは、例えば「人々の間の協調的な行動を促す『信頼』『互酬性の規範』『ネットワーク（絆）』」と定義されます（稲葉（2011）、i頁）。

【図3-8】犯罪情勢悪化の背景にある「社会的環境の変化」

「犯罪者の類型」による分類	背景にある「社会的環境の変化」
来日外国人、海外の犯罪組織による犯罪の深刻化	国際化、IT化
国際テロリストの脅威の深刻化	国際化、IT化
少年犯罪の深刻化	社会的統制力の低下
企業犯罪の深刻化	経済の停滞、社会的統制力の低下
暴力団犯罪の深刻化（特に一般社会における資金獲得活動）	経済の停滞、社会的統制力の低下

(出典：筆者作成。)

(二) 経済の停滞

　1990年代以降（すなわち昭和から平成に入って以降）、いわゆるバブル経済の崩壊により、日本経済は長期間の停滞時期に突入しました。こうした状況も平成前期の犯罪情勢悪化の一因となっていると考えられます。これまでの各種の研究の中には、日本では失業率の上昇が粗暴犯や窃盗犯の発生率をある程度引き上げる関係にある旨の指摘もみられます（大竹・小原(2010)、54頁）。[12] また、前記のような規範意識の低下、特に拝金主義の横行の背景にもこうした経済の停滞が影響しているとも考えられます。さらに、近年の企業犯罪や暴力団による共生者を利用した一般社会での資金獲得活動の背景にもこうした経済状況が関係していると考えられます。

　以上のような「犯罪者を取り巻く社会的環境の変化」を「犯罪者の類型」という視点も加えてまとめると、図3-8のように整理することができきます。

(2) 被害者を取り巻く社会的環境の変化

　平成前期における犯罪情勢の悪化（より正確には刑法犯認知件数の増加）の第二の要因としては、「被害者を取り巻く社会的環境の変化」があげられ

12　前記のとおり、窃盗犯を始めとする財産犯の認知件数は刑法犯全体の認知件数の8割前後を占めています。ただし、一般論として貧困が犯罪の増加に直接結び付くとは必ずしも限りません。

ます。すなわち、近年、社会における各種の権利意識の向上に伴い、従来は必ずしも警察等に通報されなかった（すなわち犯罪として認知されなかった）事柄が積極的に警察等に通報される（すなわち犯罪として認知されるようになっている）と考えられます。例えば、ストーカー事案、ドメスティック・バイオレンス（DV）事案、児童虐待等は、従前は「私人間の問題」あるいは「家庭内の問題」等として必ずしも積極的には通報されない場合もあったと考えられます。しかし、近年は前記のような事情等により相談件数や認知件数が急増しています。[13]（※児童虐待に関しては第6章を参照）

なお、後述のように、近年、学術研究や政府の行う政策の観点からも、従来のような犯罪の加害者を中心とした学術研究や対策に加え、犯罪被害者等への支援等を重視する学術研究や政策が盛んになっています（※第9章参照）。

(3) 警察活動を取り巻く社会状況の変化

平成前期における犯罪情勢の悪化の第三の要因としては、「警察活動を取り巻く社会状況の変化」があげられます。すなわち、近年、警察は、前記のような各種の犯罪情勢の変化への対応に迫られていることに加えて、従来は必ずしも重視されていなかった新たな業務（犯罪被害者等支援、情報公開、個人情報保護、苦情処理、監察等）の拡大の結果として業務負担が著しく増加しています。

確かに、警察官の数は2001年（平成13年）以降増加を続けているほか、警察としても各種の業務の合理化の努力を継続しています。しかし、こうした努力は、前記のような警察活動を取り巻く社会状況の変化と負担の増加に必ずしも十分に追い付いていないとも考えられます（大渕（2006）、8頁）。

---

13 これらの事案の増加は、全般的な犯罪情勢が好転した2002-2003年（平成14-15年）以降も継続しています。全国の警察におけるストーカー事案の相談等件数は、2002年（平成14年）の12,024件から2018年（平成30年）には21,556件（1.8倍）に増加しています。ドメスティック・バイオレンス等の相談等の件数も、2002年（平成14年）の14,140件から2018年（平成30年）には77,482件（5.5倍）に増加しています。児童虐待事件の検挙件数も、2003年（平成15年）の212件から2018年（平成30年）には1,380件（6.5倍）に増加しています（『平成30年版 警察白書』及び警察庁統計）。

5．2003年（平成15年）以降の政府による総合的な犯罪対策

　昭和末期から平成初期にかけての犯罪情勢の悪化を受けて、政治の場においても犯罪対策が重要テーマの一つに浮上しました。例えば、2003年（平成15年）の衆議院議員選挙や各種地方選挙に向けた各政党や候補者の選挙公約の上位に治安対策がみられるようになりました。これらは、従前の比較的治安が安定していた時代にはみられなかった動向です。こうした状況を背景として、2003年（平成15年）以降、政府全体による、従前にはみられなかった大規模かつ総合的な犯罪対策が実施されることとなりました（『平成30年版 警察白書』；河合・金山（2018）、68-78頁）。

　前記のとおり、2003年（平成15年）以降、犯罪情勢は急速に回復に向かいました。この背景には、こうした政府による総合的な対策が一定の成果をあげたとの指摘もあります。[14]

(1)　政府における犯罪対策の枠組みの設置

　2003年（平成15年）9月、内閣に**犯罪対策閣僚会議**が設置されました。同会議は内閣総理大臣が主宰し、全閣僚を構成員とするものです。政治の場において、治安問題に関してこうしたハイレベルかつ横断的な対策の枠組みが設置されたのはこれが初めてです。[15]

(2)　総合的な犯罪対策プログラムの策定

　政府の犯罪対策閣僚会議は、2002年（平成15年）12月18日に「犯罪に強い社会の実現のための行動計画―『世界一安全な国、日本』の復活を目

---

[14] ただし、こうした政府の諸施策と犯罪情勢の回復の間の因果関係に関して学術的視点から厳密な検証を行うことは、引き続きの課題となっています。
　なお、前記のとおり、統計的にみると、刑法犯の中で大きな割合を占めている窃盗犯、街頭犯罪及び侵入犯罪、少年犯罪の認知件数の減少がそれぞれ、全刑法犯の認知件数の減少に寄与していると考えられます（『平成30年版 警察白書』、3頁；20-23頁）。

[15] 総理大臣官邸HP（https://www.kantei.go.jp/jp/singi/hanzai/index_before090916.html）。

指して―」と題する総合的な犯罪対策プログラムを決定しました。[16] 同行動計画は、

- 警察のみならず政府全体の取組である。
- 犯罪検挙だけではなく犯罪予防にも重点を置いている。
- 地域住民、私企業、地方公共団体、関係省庁、外国等との協働・連携を重視している。
- 期限を切った数値目標を設定している。

といった特徴を有しています。[17] このうち特に第二及び第三の点については、犯罪予防論（犯罪機会論）（※第2章参照）の影響がみられます。犯罪予防論は、欧米においては主に20世紀中盤から後半（とりわけ1980年代以降）に発展してきました。同理論は、日本においても、概ね20世紀終盤から21世紀初頭にかけて多く紹介されるようになっていました。

⑶　官民の連携による犯罪の未然防止策の推進

　上記の「行動計画」の枠組みの下、官民の連携による犯罪の未然防止を主眼とした各種施策が積極的に推進されることとなりました。2005年（平成17年）6月には犯罪対策閣僚会議と都市再生本部の合同会議において「安全・安心なまちづくり全国展開プラン」[18] 及び都市再生プロジェクト「防犯対策等とまちづくりの連携協働による都市の安全・安心の再構築」が決定されました。

16　総理大臣官邸HP（https://www.kantei.go.jp/jp/singi/hanzai/kettei/031218keikaku.html）。
17　同プログラムの骨子は次のとおり。
　「治安回復のための3つの視点」：　①国民が自からの安全を確保するための活動の支援、②犯罪の生じにくい社会環境の整備、③水際対策を始めとした各種犯罪対策。
　「犯罪情勢に即した5つの重点課題」：　①平穏な暮らしを脅かす身近な犯罪の抑止、②社会全体で取り組む少年犯罪の抑止、③国境を越える脅威への対応、④組織犯罪等からの経済、社会の防護、⑤治安回復のための基盤整備。
　（※上記の視点の②、重点課題の①及び②の背景には犯罪予防論（犯罪機会論）の影響がみられます。)
18　総理大臣官邸HP（https://www.kantei.go.jp/jp/singi/hanzai/dai5/5siryou1-4.pdf）。

警察庁でも、2004年（平成16年）6月に「『犯罪に強い地域社会』再生プラン」[19]が、2006年（平成18年）4月に「安全・安心まちづくり推進要綱」[20]がそれぞれ策定されました（※後者の推進要綱は2014年（平成26年）8月に改訂）。これらの政策文書においては、地方公共団体、地域社会等の各種の自主防犯活動等による「安全・安心まちづくり」の努力を警察が積極的に支援することが謳われています。具体的な施策の例としては、地方公共団体における生活安全条例等の制定の支援、防犯ボランティア団体の結成・活動の支援、犯罪情報・地域安全情報の提供[21]、いわゆる「青パト」（民間パトカー：青色回転灯を装備した自動車）の配備の支援、いわゆる「民間交番」（地域安全・安心ステーション）設置の支援、街頭防犯カメラ設置の支援、などがあります。

　この結果、例えば、全国の防犯ボランティア団体の数は2003年（平成15年）末の3,056団体、2008年（平成20年）末の40,538団体から2018年（平成30年）末の47,180団体へ（※2003年の15.4倍）、青パトの台数は2004年（平成16年）末の120台、2008年（平成20年）末の26,622台から2018年（平成30年）末の45,240台（※2004年の377.0倍）へ、それぞれ増加しました（図3-9及び図3-10）。[22] [23]

(4) その他

　2003年（平成15年）12月に策定された「犯罪に強い社会の実現のための行動計画」は、2008年（平成20年）年12月に「**犯罪に強い社会の実現のための行動計画2008 ―『世界一安全な国、日本』の復活を目指して**

19　警察庁HP（http://www.npa.go.jp/hakusyo/h16/hakusho/h16/html/F1204030.html）。
20　警察庁HP（https://www.npa.go.jp/pdc/notification/seian/seiki/seianki20140828.pdf）。
21　地方公共団体、地域社会等の自主的な防犯活動を促すためには、地域における犯罪や事故の発生状況、危険箇所等に関する情報を可能な限り地域住民等に開示することが肝要になります。こうしたことから、各都道府県警察本部、警察署のHP等におけるいわゆる安全マップ等の公開等の各種の情報発信が一定程度進展したとみられます。
22　『平成30年版 警察白書』、警察庁『生活安全の確保に関する統計等』等。
23　防犯ボランティア団体の活動は、犯罪情勢の改善に一定の成果をあげているとみられる一方、今後の課題として、参加者の高齢化等を背景に、将来に向けた活動の維持・継続の確保が指摘されています（河合・金山（2018）、79頁）。

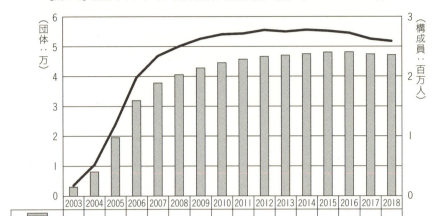

【図3-9】防犯ボランティア団体数及び構成員数の推移（2003～2018年）

（出典：警察庁『生活安全の確保に関する統計等』のデータを基に筆者作成。）

―」に改訂されました。[24] さらに、2013年（平成25年）12月には「『世界一安全な日本』創造戦略」に改訂されています。[25] このように、2003年（平成15年）に開始された政府全体をあげた総合的な犯罪対策は、時代の変化にあわせて内容を調整しつつ継続されています。

24　総理大臣官邸HP（https://www.kantei.go.jp/jp/singi/hanzai/081222keikaku2008.pdf）。
　　旧計画で掲げられた「3つの視点」は、行動計画2008においても引き続き「3つの基本理念」として維持されました。他方、**犯罪情勢に即した重点課題**は旧計画の5つから次の7つに改訂されました。①身近な犯罪に強い社会の構築、②犯罪者を生まない社会の構築、③国際化への対応、④犯罪組織等反社会的勢力への対策、⑤安全なサイバー空間の構築、⑥テロの脅威等への対処、⑦治安再生のための基盤整備。（※旧計画に比較して、サイバー対策とテロ対策に関する項目が追加されています。）

25　総理大臣官邸HP（https://www.kantei.go.jp/jp/singi/hanzai/kettei/131210/kakugi.pdf）。
　　新しい「戦略」は、2003年（平成15年）以降の10年間の総合的な対策によって刑法犯認知件数がほぼ半減するなど犯罪情勢の回復に一定の成果がみられた旨の認識を示した上で、**新たな戦略のアプローチ**として次の7項目を掲げています。①世界最高水準の安全なサイバー空間の構築、②G8サミット、オリンピック等を見据えたテロ対策・カウンターインテリジェンス等、③犯罪の繰り返しを食い止める再犯防止対策の推進、④社会を脅かす組織犯罪への対処、⑤活力ある社会を支える安全・安心の確保、⑥安心して外国人と共生できる社会の実現に向けた不法滞在対策、⑦「世界一安全な日本」創造のための治安基盤の強化。

【図 3-10】いわゆる「青パト」の台数及び利用団体数の推移（2004～2018 年）

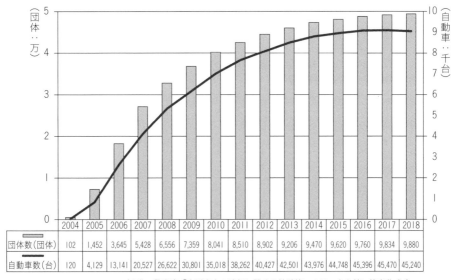

	2004	2005	2006	2007	2008	2009	2010	2011	2012	2013	2014	2015	2016	2017	2018
団体数(団体)	102	1,452	3,645	5,428	6,556	7,359	8,041	8,510	8,902	9,206	9,470	9,620	9,760	9,834	9,880
自動車数(台)	120	4,129	13,141	20,527	26,622	30,801	35,018	38,262	40,427	42,501	43,976	44,748	45,396	45,470	45,240

（出典：警察庁『生活安全の確保に関する統計等』のデータを基に筆者作成。）

【本章のポイント】

◎情勢
- 日本の犯罪情勢は戦後から昭和期には概ね安定していました。しかし、平成に入り悪化を始め、2001年（平成13年）から2002年（平成14年）にかけて刑法犯認知件数と検挙率は戦後最悪を記録しました。ほぼ同時期に、国民の体感治安も大きく悪化しました。
- 2002年（平成14年）以降、刑法犯認知件数は減少を始め、現在は最悪時（2002年（平成14年））の30％以下まで減少しています。国民の体感治安も概ね従前のレベルまで回復しています。
- 他国との比較では、日本は、安全（客観的な犯罪統計）は相対的に良好であるのに対し、安心（主観的な体感治安）は相対的に必ずしも良くはないという状況がみられます。

◎背景要因
- 平成前期における犯罪情勢の悪化の背景要因は、以下のように考えられます。
  [犯罪者を取り巻く社会的環境の変化]
   広域化・国際化、IT化・サイバー化、社会的統制力の低下、経済の停滞
  [被害者を取り巻く社会的環境の変化]
   各種の権利意識の向上
  [警察活動を取り巻く社会的環境の変化]
   新しい業務への対応の必要性、負担増加
- 平成期中盤以降の犯罪情勢の回復の要因は必ずしも十分には解明されていませんが、下記の政府による総合的な対策が一定の成果をあげた可能性があります。統計的には、窃盗犯、街頭犯罪及び侵入犯罪、少年犯罪等の減少が刑法犯認知件数全体の減少に関係しているとみられます。

◎政府による総合的な対策
- 平成前期における犯罪情勢の悪化を受けて、2003年（平成15年）12月、政府に**犯罪対策閣僚会議**が設置され、「**犯罪に強い社会の実現のための行動計画**」が策定されました。同計画に基づき、「安全・安心まちづくり」等を目標として、政府全体及び官民をあげた総合的な犯罪対策が開始されました。こうした施策は形をかえつつ、現在も継続されています（2013年（平成23年）12月からは「**『世界一安全な日本』創造戦略**」）。
- これらの諸施策の多くは、**犯罪予防論（犯罪機会論）**の考え方に基づき、「**官民の連携**」、「**犯罪の未然防止**」等を主眼としています。この結果、例えば、防犯ボランティア団体や「青パト」（民間パトカー）等の数は大幅に増加しました。

□□□ 更に学びたい方のために □□□

【参考文献】
□ **日本の犯罪情勢**──
◎概論的な参考書
大谷實（2009）『新版 刑事政策講義』弘文堂。
大渕憲一（2006）『犯罪心理学─犯罪の原因をどこに求めるのか』培風館。
前田雅英（2014）『ハンドブック刑事法─罪と罰の現在』東京法令出版。
守山正・安部哲夫（2017）『ビギナーズ刑事政策（第3版）』成文堂。

◎その他（論文、統計等）
大竹文雄・小原美紀（2010）「失業率と犯罪発生率の関係─時系列および都道府県別パネル分析」、日本犯罪社会学会編『犯罪社会学研究』第35号、54-71頁。
河合潔・金山泰介（2018）「総合的な犯罪対策Ⅰ」、警察政策学会編『社会安全政策論』立花書房。
浜井浩一（2013）『なぜ犯罪は減少しているのか（犯罪率の低下は，日本社会の何を物語るのか？）』、日本犯罪社会学会編『犯罪社会学研究』第38号、53-77頁。
警察庁統計（https://www.npa.go.jp/toukei/index.htm）。
国家公安委員会・警察庁『警察白書』（※毎年発行）。
(https://www.npa.go.jp/publications/whitepaper/index_keisatsu.html)
内閣府『社会意識に関する世論調査』（※原則として毎年実施）。
(https://survey.gov-online.go.jp/index-sha.html)
内閣府（2017）『治安に関する世論調査（平成29年8月）』。
(https://survey.gov-online.go.jp/tokubetu/tindex-h29.html)

□ **犯罪情勢の国際比較**──
法務省『犯罪白書』（※毎年発行）。
(http://www.moj.go.jp/housouken/houso_hakusho2.htm)
OECD "How's Life 2017"（http://www.oecd.org/statistics/how-s-life-23089679.htm）
UNODC Statistics (https://data.unodc.org/)

□ **その他**──
稲葉陽二（2011）『ソーシャル・キャピタル入門─孤立から絆へ』中央公論新社。
NHKスペシャル「職業"詐欺"」取材班（2009）『職業"振り込め詐欺"』ディスカヴァー・トゥエンティワン。
鈴木大介（2013）『振り込め犯罪結社─200億円詐欺市場に生きる人々』宝島社。
鈴木大介（2015）『老人喰い─高齢者を狙う詐欺の正体』筑摩書房。

□ 第4章
第1部のまとめ──社会安全政策論とは

1．概要
2．理論形成の背景
　(1) 平成前期における犯罪情勢の悪化
　(2) 犯罪予防論（犯罪機会論）の発展
　(3) 社会安全の問題に関与するアクターの多様化と利害調整の必要性
　(4) 警察活動に対する国民の意識の変化
3．社会安全政策論の今日的意義
　(1) 安全と権利自由の膠着した局面における利害調整
　(2) 代替政策オプションの検討
　(3) 警察等に対する民主的統制
4．おわりに
【本章のポイント】

1．概要

　第1章で紹介したとおり、社会安全政策論とは「国民のために、社会の治安情勢を良好に維持する（あるいは向上させる）ための政策の在り方を研究するもの」であり、「**主権者である国民が社会安全の問題について主体的に判断を行うことを迫られた際に、そうした判断を支援するための分析枠組み**」です。その核心は、「国民の視点を中心に据えていること」、「実効性のある政策を検討するための研究枠組みであること」及び「多様なアクターを検討の対象とすること」にあります。

　前記の特殊詐欺対策の例のように、今日、社会安全の問題には、警察や法曹関係者等の専門家だけではなく、地方公共団体、私企業、NPO、地域社会、個人等の利害の異なる多様なアクターが関与するようになっています。したがって、社会安全政策論とは、「**社会安全の問題に関与してい**

る多様なアクター間の利害調整、資源とコストの最適配分等国民の視点から考える」ための分析枠組みとも言えます。

2．理論形成の背景

　社会安全政策論が提唱されたのは、2003-2004年（平成15-16年）に関係するいくつかの論文が発表されたことが契機となっています（田村（2003）；田村（2004））。ではなぜこの時期にこうした研究枠組みが提唱され始めたのでしょうか。主な理由としては、以下の4点が考えられます。

(1) 平成前期における犯罪情勢の悪化
　第一は、平成の初期から中期にかけての犯罪情勢の悪化です（※第3章参照）。従来には見られなかった情勢の悪化を背景として、犯罪学や刑事政策等の伝統的な研究枠組みの限界を克服するため、新たな研究枠組みの構築が必要とされるようになりました。

(2) 犯罪予防論（犯罪機会論）の発展
　第二は犯罪予防論（犯罪機会論）の発展です。欧米等の犯罪学の分野では、主に20世紀中盤から後半（とりわけ1980年代以降）の時期に、従来からの「加害者が犯罪を行うに至った原因を事後的に究明する」という視点（犯罪原因論）から「犯罪の発生を未然に防止する（被害者を作らない）」という視点（犯罪予防論）への変革が起こりました（※第2章参照）。同理論は、日本においても概ね20世紀終盤から21世紀初頭にかけて紹介されました。
　一方、日本においては、平成前期の犯罪情勢の悪化を受けて、2003年（平成15年）以降に官民の連携による犯罪の未然防止を中心とした「安全・安心まちづくり」等の総合的な犯罪対策の推進が開始されました（※第3章参照）。犯罪予防論（犯罪機会論）は、こうした総合的な犯罪対策に一定の理論的な裏付けを与えるものとなりました。こうした動向は、多様なアク

ターの犯罪対策への参画を促すこととなり、社会安全政策論の形成にも影響を与えたと考えられます。

(3) 社会安全の問題に関与するアクターの多様化と利害調整の必要性

　第三は、社会安全の問題に関与するアクターの多様化です。前記のとおり、平成前期における犯罪情勢の悪化を受けて、2003年（平成15年）以降、官民の連携による犯罪の未然防止を中心とした「安全・安心まちづくり」等の総合的な犯罪対策が推進されてきました。この結果、社会安全の実現に関与するアクターは、警察のみならず、国の一般行政機関、地方公共団体、私企業、NPO、地域社会、個人等多岐にわたるようになりました。[1] 各種施策の立案や実行の場面においては、こうした各アクターの間におけるコスト負担や利害対立の調整が必要となる場合も多くなってきました。[2]

　一方、従来の刑法学、刑事政策等の研究枠組みでは、このような課題への対応は必ずしも十分にはできません。なぜならば、こうした従来の枠組みは、私企業、NPO、個人等の私的アクターを必ずしも射程に入れていないからです。したがって、こうした伝統的な研究枠組みの限界を克服するため、多様なアクターを射程に入れた新たな研究枠組みの構築が必要と

1　例えば、いわゆる街頭犯罪（ひったくり、路上強盗、自動車盗、オートバイ盗、自転車盗、車上ねらい、部品ねらい、自販機ねらい等）への対策は、従来は警察による事後的な犯人の検挙活動が中心でした。しかし、平成期に入りこれらの犯罪の発生件数が激増したことから、近年は、防犯パトロールや街頭防犯カメラ等を活用した未然防止が対策の中心となっています。こうした活動には、警察のみならず、防犯パトロールに参加する地方公共団体や地域の民間組織、街頭防犯カメラの設置・運用にかかわる民間企業等も主要なアクターとして関与しています。また、振り込め詐欺を始めとする特殊詐欺への対策も、近年は未然防止が中心となっています。こうした活動においても、警察のみならず、民間企業（金融機関、携帯電話会社等）、地域の民間ボランティア団体等が主要なアクターとして関与しています（※第1章参照）。

2　例えば、街頭犯罪防止のために街頭防犯カメラを設置する場合、カメラの設置・維持管理費用の負担や個人のプライバシーへの影響等が政策に伴うコストとして発生します。また、振り込め詐欺防止のため、警察が金融機関に対してATM（現金自動支払機）の利用限度額の引き下げや本人確認の徹底等の協力を依頼する場合、ATMの仕様変更に要する費用の負担、規制の導入に伴う対顧客サービスの低下等が政策に伴うコストとして発生します。こうした各種の利害やコストの負担の問題を関係アクターの間で如何にバランス良く調整するのかという点が政策決定上の検討課題となります。（※こうした「多様化したアクター間の適切な関係の在り方」の検討は**ガバナンス研究**の一種とも考えられます（※第1章コラム参照）。）

されるようになりました（田村（2018）、35-37頁）。

⑷　警察活動に対する国民の意識の変化

　第四は、警察活動に対する国民の意識の変化、特に、国民の権利自由の確保のための積極的な警察活動を期待する国民の意識の高まりです。

　戦後長期間にわたり、警察と国民の関係は主に「警察の活動を制限して権限の濫用を防止する」との視点から捉えられていました。言い替えると、「権力を持って国民の人権を侵害・蹂躙する可能性のある強者（警察）」と「権力による抑圧の危険に晒されている弱者（国民）」という単純な「二項対立」的な図式で捉えられてきました。刑法、行政法等の学問領域においても、「警察比例の原則活動」、「民事不介入の原則」等の議論に代表されるように、警察の活動を極力制限するための議論が活発になされました。そこでは、警察活動の制限にともなう不都合（警察による犯罪対策等が進まないことによる不都合）に対しての配慮は必ずしも十分にはなされていませんでした。この背景として、昭和期においては犯罪情勢が比較的平穏に推移していたことから、そうした点に配慮するべき特段の必要性も認識されていなかったと考えられます。[3]

　しかし、平成前期における犯罪情勢の急激な悪化等を背景として、この頃から、「単純に警察の活動を制限するのみでは社会安全は実現できない」との意識、すなわち国民の権利自由の確保のための積極的な警察活動を期待する国民の意識が高まっているとみられます。例えば、1999年（平成11年）に発生した埼玉県桶川市におけるストーカー殺人事件をめぐる損害賠償請求[4]にみられるように、警察の権限不行使や捜査懈怠等を違法として被害を受けた国民による損害賠償請求を容認する裁判例もみられるようになっています（田村（2008）、111-113頁）。立法の面でも、ストーカー規制法

---

[3]　「警察権力を含む国家権力を弱めさえすれば、国民の権利自由が守られ、国民は幸福になる」との暗黙の前提があったと考えられます。

[4]　元交際相手の知人に殺害された埼玉県の女性の両親らが、娘が殺害され、名誉を毀損されたのは、埼玉県警の警察官らの捜査懈怠等の違法行為によるものとして、県に対して損害賠償請求した事案。

(2000年（平成12年）施行）やドメスティック・バイオレンス（DV）防止法（2001年（平成13年）施行）のように、犯罪の未然予防のために警察が一定の要件の下で家族・親族間の問題等に積極的に介入することを求める立法例がみられるようになっています（田村（2015）、53-61頁；同（2017）、21-43頁）。

　こうしたことから、近年は、警察と国民の関係を考えるに当たり、単純に警察の活動を制限するという視点のみならず、「社会安全を実現するために警察に一定の積極的な活動を認めた上で、同時にこれに対する効果的な民主的統制を加える（例えば、情報公開制度、公安委員会制度、警察署協議会制度の活用等）ことによってバランスを取る」との視点が必要となっています（※第8章参照）。一方、従来の刑法学、刑事政策等の研究枠組みではこのような課題への対応は必ずしも十分にはできません。なぜならば、こうした従来の枠組みは前記のとおり、警察と国民の関係を主に単純な「二項対立」的な図式で捉えていたからです。したがって、こうした伝統的な枠組みの限界を克服するため、多様なアクター間の利害調整を視野に入れた新たな研究枠組みの構築が必要とされるようになったと考えられます。

3．社会安全政策論の今日的意義

(1) 安全と権利自由の膠着した局面における利害調整

　図4-1及び図4-2は、これまでに述べた社会安全政策論の特徴をまとめたものです。社会安全政策論の枠組みに基づいて実際の政策を分析、検討する場合、特に重要な点は「当該施策に関与する各アクター間の利害対立の抽出」を行い、その上で「各アクター間の利害調整、資源とコストの最適配分」等を検討することです。こうした点にこそ社会安全政策論の今日的意義があると考えられます（田村（2018）、22-26頁）。

　こうした社会安全政策論の「アクター間の利害調整」機能は、特に、安全と権利自由の対立が膠着した局面における政策を検討する際に有意義と

【図 4-1】「社会安全政策論」の理論形成の背景 ①

	戦後～昭和期	平成初期以降～
犯罪情勢	・比較的平穏	・平成期に入り急速に悪化（H13～14が最悪） ➡ 背景に「社会的環境の変化」国際化・広域化、ＩＴ化、社会的統制力の低下、経済の停滞
警察に対する国民の意識	・国家権力は人権を侵害するもの ➡ 警察による人権侵害を監督すべし	・（左記に加え）行政活動の成果物として「安全・安心の実現」を要求
実務における警察の役割	・捜査・検挙（事後対応）が中心 ・権限行使は抑制的（消極的） （例）民事不介入の原則、警察比例の原則	・事後対応に加えて犯罪の未然防止も ・（状況によっては）積極的な権限行使 （例）ストーカー規制法、DV防止法
社会安全の問題に関与するアクター	・警察、司法機関等	・アクターが多様化 警察・司法機関、行政機関（国、地方公共団体）、私企業、ＮＰＯ、地域社会、個人等
犯罪に関する学説の動向	・犯罪原因論が中心 ➡ 犯罪対策は犯罪発生後の事後的な対応が中心	・犯罪原因論から犯罪予防論（犯罪機会論、環境犯罪学）が中心に ➡ 犯罪対策は犯罪発生前の事前的な対応が中心に
学問的な中心課題	・権利侵害から人権を守る（「権力対人権」の思考） （➡ 刑法学、刑事政策等）	・多様化したアクター間での利害調整・コストの最適配分 （➡ 社会安全政策論）

（出典：筆者作成。）

考えられます。安全と権利自由の対立が膠着した局面とは、例えば、警察等による社会安全のための施策が別のアクター（私企業、地域社会、個人等）の権利自由に影響を与えるような局面です。こうした状況そのものは決して新しい問題ではなく、従来からの刑法学、刑事政策等においてもしばしば取り扱われている問題です。しかし、こうした従来からの研究枠組みにおいては、前記のとおり、警察活動を極力制限するための議論が学術研究の中心であり、警察活動の制限にともなう不都合（警察による犯罪対策等が進まない不都合）に対しての配慮は必ずしも十分にはなされていなかったとみられます。これに対し、社会安全政策論の研究枠組みにおいては、以下の

【図4-2】「社会安全政策論」の理論形成の背景 ②

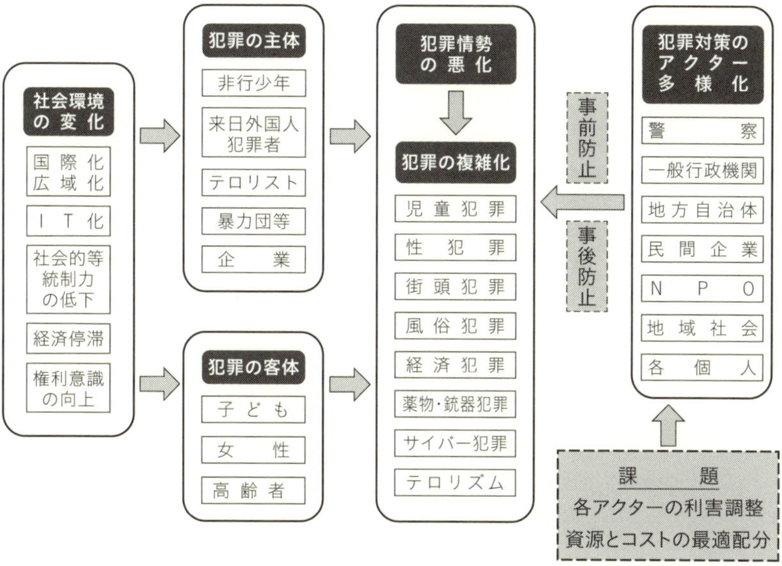

社会環境の変化
- 国際化・広域化
- IT化
- 社会的等統制力の低下
- 経済停滞
- 権利意識の向上

犯罪の主体
- 非行少年
- 来日外国人犯罪者
- テロリスト
- 暴力団等
- 企業

犯罪の客体
- 子ども
- 女性
- 高齢者

犯罪情勢の悪化 → 犯罪の複雑化
- 児童犯罪
- 性犯罪
- 街頭犯罪
- 風俗犯罪
- 経済犯罪
- 薬物・銃器犯罪
- サイバー犯罪
- テロリズム

事前防止／事後防止

犯罪対策のアクター多様化
- 警察
- 一般行政機関
- 地方自治体
- 民間企業
- NPO
- 地域社会
- 各個人

課題
各アクターの利害調整
資源とコストの最適配分

(出典：筆者作成。)

ように「代替政策オプションの検討」、「警察等に対する民主的統制」等を検討の射程に入れることにより、国民にとって最適な政策の実現が模索されます。このようにして、安全と権利自由の対立がある局面においても、現実的な観点から「アクター間の利害調整」を図りつつ「安全の実現」という目的達成を図るのが社会安全政策論の有用性です。

(2) 代替政策オプションの検討

例えば、商店街における街頭犯罪対策のための街頭防犯カメラの設置に関して検討する場合、伝統的な学問枠組みにおいては、そうした街頭防犯カメラの設置・運用が一般市民等の権利自由（個人のプライバシー等）を如何に侵害するか否かの点が検討の中心となります。その結果、街頭防犯カメラの使用が制限されて当該商店街の安全が十分に実現されないとしても、安全実現のための代替案の検討は必ずしも射程には入ってきません。

これに対し、社会安全政策論の枠組みにおいては、街頭防犯カメラの設置のみならず、当該商店街の安全の実現に利用可能な政策オプションを全て抽出し、各政策オプションの効果とコストの分析・検討を行います（例えば、警察によるパトロールの強化、民間警備会社や防犯ボランティア団体の活用等）。そうした各政策オプションの効果とコストの分析を踏まえ、「地元商店街の安全の実現という目的を達成するのに最も効率的な政策オプションの組み合わせは何か」について検討がなされます。

(3)　警察等に対する民主的統制

　社会安全政策論においては、社会安全を担う行政機関（特に警察）を主権者たる国民がどのように監督・統制するかも主要な検討の対象となります（田村（2018）、23頁）。

　社会安全の実現のために行政機関、とりわけ警察の権限の強化等を図る際、「警察は十分に信頼できないので、権限を強化するとその権限が濫用されて権利自由が不当に侵害・制約される可能性がある」との指摘がなされることが少なくありません。このような場合、刑法学、刑事政策等の伝統的な研究枠組みにおいては、検討の中心は「警察の活動から国民の権利自由を如何に防衛するか」という受動的な対応となります。「警察に対する国民の信頼」を変革しようという発想は検討の射程にはほとんど入りません。[5]

　これに対し、社会安全政策論の研究枠組みにおいては、「安全の確保＝警察の権限強化」と「権利自由への配慮」が膠着状態にある場合、「警察の権限強化」と「国民による警察に対する民主的な統制」をセットにして考えることにより、膠着局面を打開し得ると考えます。この背景には、国民の側からの能動的・積極的な統制の実行により「警察に対する信頼」を変革することは可能との考え方があります（田村（2018）、37-39頁）。[6]

---

[5]　この背景には、「国民が積極的・能動的に警察や政府を統制することはできない」との暗黙の前提があると考えられます。

[6]　例えば、都道府県公安委員会の苦情申出制度を活性化することにより、警察に対する信頼の向上が図られる可能性があります（小林（2012））。

こうした警察に対する国民による民主的統制を可能とする具体的な制度としては、立法的アプローチと行政的アプローチの2種類が考えられます。立法的アプローチとは、国会の定める法律、地方議会の定める条例等の制定を通じて「警察等の行動規範の明確化」を図ることです。行政的アプローチとは、例えば、都道府県公安委員会（警察法第38条 - 第46条の2）や警察署協議会（警察法第53条の2）、各都道府県の条例等で定められている情報公開制度等の行政的な諸制度を通じて国民が自ら積極的に警察の活動を監督することです（※第8章参照）。

ただし、こうした議論に対しては、既存の各種制度は必ずしも十分に機能していないとの批判もあります。国民自身が積極的にこうした諸制度を活用し健全に警察等を統制する意識を持つことが必要となります（田村（2018）、40-41頁）。

4．おわりに

冒頭にも述べたように、社会安全政策論とは、「主権者である国民一人一人が社会安全の問題について主体的に判断を行うことを迫られた際に、そうした判断を支援するための分析枠組み」です。ただし、肝心の国民自身が主体的な参画意識を持たなければ、社会安全政策論の議論は「絵に描いた餅」に終わってしまうことも懸念されます。したがって、国民一人一人の民主主義リテラシーを高めることこそが、社会安全政策論の分析枠組みを上手く機能させるためのポイントと言えます。（※第1章コラム「社会安全政策論とガバナンス研究」参照）

社会安全政策論の分析枠組みに基づいて実際の政策を検討する場合、特に重要な点は「当該施策に関与する各アクター間の利害対立の抽出」を行い、その上で「各アクター間の利害調整、資源とコストの最適配分」等を検討することです。第2部以降では、具体的な問題に関して、こうした点を検討してみます。

【本章のポイント】

◎社会安全政策論の概要
- 社会安全政策論とは、「主権者である国民が社会安全の問題について主体的に判断を行うことを迫られた際に、そうした判断を支援するための分析枠組み」です。
- その核心は以下の3点です。
  ①国民の視点を中心に据えていること
  ②実効性のある政策を検討するための研究枠組みであること
  ③多様なアクターを検討の対象とすること
- 「社会安全の問題に関与している多様なアクター間の利害調整、資源とコストの最適配分等を国民の視点から考える」ための分析枠組みとも言えます。

◎理論形成の背景
- 社会安全政策論は2000年代始めに形成されました。
- その背景には次のような事象がありました。
  ①平成前期における犯罪情勢の悪化
  ②犯罪予防論（犯罪機会論）の発展
  ③社会安全の問題に関与するアクターの多様化と利害調整の必要性
  ④警察活動に対する国民の意識の変化（国民の権利自由の確保のための積極的な警察活動を期待する国民の意識の高まり）

◎ 社会安全政策の今日的意義
- 社会安全政策論の「アクター間の利害調整」機能は、伝統的な理論枠組みと比較して、特に、「安全と権利自由の対立が膠着した局面」における政策を検討する際に有意義と考えられます。
- その際、「代替政策オプションの検討」や「警察に対する民主的な統制の在り方」など伝統的枠組みでは必ずしも十分に射程に入らない事項も検討の視野に入ります。
- 社会安全政策論の考え方が十分に機能するためには、国民一人一人が積極的な参画意識を持つことが重要になります。

□□□ **更に学びたい方のために** □□□

【参考文献】

小林良樹（2011a）「社会安全政策論の考え方──理論形成の背景と意義の再確認」、警察政策学会編『警察政策』第 13 巻、105-144 頁。

小林良樹（2011b）「総合政策学としての社会安全政策論」、慶應義塾大学湘南藤沢学会編『KEIO SFC JOURNAL』Vol. 11、No. 1、181-193 頁。

小林良樹（2012）「都道府県公安委員会に対する苦情申出制度について──『警察に対する国民の信頼の改善方策』の観点からの一考察」、日本犯罪社会学会編『犯罪社会学研究』第 37 号、121-135 頁。

田村正博（2003）「社会安全政策論の手法と理論(1)〜(5)」、『捜査研究』第 621 〜 625 号。

田村正博（2004）「政策論としての犯罪対策」、日本犯罪社会学会編『犯罪社会学研究』第 29 号、65-80 頁。

田村正博（2006a）「社会安全政策論の今日的意義」、警察大学校編『警察学論集』第 59 巻第 5 号、56-70 頁。

田村正博（2006b）「犯罪統御の手法」、渥美東洋先生古稀記念『犯罪の多角的検討』有斐閣、315-344 頁。

田村正博（2008）「犯罪予防のための警察行政法の課題」、渥美東洋編『犯罪予防の法理』（警察政策学会 10 周年記念）、成文堂、105-124 頁。

田村正博（2015）『全訂 警察行政法解説（第 2 版）』東京法令出版。

田村正博（2017）「警察の刑事的介入の基本的な考え方と近時の変容」、京都産業大学編『社会安全・警察学』第 4 号、21-43 頁。

田村正博（2018）「社会安全政策論における手法・理論・組織」、警察政策学会編『社会安全政策論』立花書房。

第2部　各　論

□ 第 5 章
少年の非行、少年の犯罪被害

```
1. はじめに──少年に対する手続き      3. 少年の犯罪被害
  (1) 非行少年の定義                4. 政府による対策
  (2) 保護優先主義と家庭裁判所優先主   5. 様々な課題──あなたが当事者なら
      義                              どう考えますか？
  (3) 家庭裁判所での手続き            (1) 保護優先主義と厳罰化・被害者等
  (4) 厳罰化等の動向                      への配慮等のバランス
2. 少年による犯罪をめぐる情勢         (2) 安全と権利自由のバランス
  (1) 時系列的推移                   (3) アクター間の連携等
  (2) 罪種別の構成比                【本章のポイント】
  (3) 新しい動向？
```

メディア等では「最近は、昔に比べると少年による殺人などの凶悪事件が増えているのではないか」との論調が聞かれることもあります。こうした見方は本当に正しいのでしょうか。また、社会全体として少年非行や少年の犯罪被害の防止を実行する上で、一般市民はどのような関わりを持ち、また、その際の課題としてはどのようなことがあるのでしょうか？　本章ではそうした点を検討してみます。

1．はじめに
──少年に対する手続き

(1) 非行少年の定義

　少年法の定める「**少年**」とは、「20歳未満の者」を言います（同法第2条

第1項)。性別を問いません。後述するように、犯罪行為を行った少年については、少年法の定めに基づき、成人とは異なる取り扱いがなされることになっています。

　法律上の「**非行少年**」には、「犯罪少年」、「触法少年」、「ぐ犯少年」の3種類があります（少年法第3条第1項第1号から第3号）。

- 犯罪少年（少年法第3条第1項第1号）
  　犯罪少年とは、「罪を犯した少年」（14歳以上20歳未満の者）を言います。[1]
- 触法少年（少年法第3条第1項第2号）
  　触法少年とは、14歳に満たないで刑罰法令に触れる行為をした少年を言います。犯罪少年と異なり、触法少年は刑事責任を問われることはありません（刑法第41条）。[2]
- ぐ犯少年（少年法第3条第1項第3号）
  　ぐ犯少年とは、「ぐ犯事由があり、その性格又は環境に照らして、将来、罪を犯し、又は刑罰法令に触れる行為をするおそれ（ぐ犯性）のある少年」を言います。[3]

(2)　保護優先主義と家庭裁判所優先主義

　前記のとおり、犯罪行為を行った少年については、少年法の定めに基づき、成人とは異なる取り扱いがなされます。少年法は、少年の健全な育成を期し成人とは異なる処遇を定めることを目的としています（同法第1条）。

1　犯罪少年は、家庭裁判所に送致され審判に付されます（少年法第3条第1項）。すなわち、犯罪行為を行ったと考えられる14歳以上の少年は全て家庭裁判所に送致され、同所の判断を仰ぐこととなります（全件送致主義）。
2　触法少年は刑事責任を問われることはなく（刑法第41条）、都道府県知事又は児童相談所長から送致を受けたときに限り家庭裁判所の審判に付されます（少年法第3条第2項）。
3　少年法（第3条第1項第3号）の定める「ぐ犯事由」は次のとおりです。(イ) 保護者の正当な監督に服しない性癖のあること、(ロ) 正当な理由がなく家庭に寄り附かないこと、(ハ) 犯罪性のある人若しくは不道徳な人と交際し、又はいかがわしい場所に出入すること、(ニ) 自己又は他人の徳性を害する行為をする性癖のあること。

同法の精神を端的に表現すると**保護優先主義**と**家庭裁判所優先主義**と言い得ます。これは、「少年の犯罪については、単なる処罰ではなく、保護を前提として、問題となる少年の将来にとって何が最も望ましいかという立場から、専門知識を有する家庭裁判所が事件の処理を行う」という考え方です（安部（2009）、48頁）。こうした考え方に基づき、少年が犯罪を行った場合には、家庭裁判所に送致され審判に付されることとなります（少年法第3条第1項）。（成人の場合には家庭裁判所ではなく、地方裁判所等に送致されます。）[4]

(3) 家庭裁判所での手続き

少年事件の送致等を受けた家庭裁判所は、事件についての調査を行い、その結果に基づき**審判不開始**又は**審判開始**の決定をします（少年法第19条及び第21条）。（後述のとおり、送致された事件の半数近くは審判不開始となっているのが最近の実情です。）

一般の裁判は原則として公開であるのに対し、家庭裁判所の審判は原則として非公開で行われます（少年法第22条第2項）。審判の結果、家庭裁判所は、次のいずれかの決定を行います。成人と同様に刑罰を科されることとなる可能性があるのは、このうち「検察官への送致」の場合です。

- **不処分**
  保護処分に付することができず、又はその必要がないと認める場合（少年法第23条第2項）。
- **都道府県知事又は児童相談所長への送致**
  児童福祉法上の措置を相当と認める場合（少年法第18条第1項）。
- **検察官への送致**（少年法第20条）[5]

4 　前記のとおり、触法少年（14歳に満たないで刑罰法令に触れる行為をした少年）は刑事責任を問われることはなく（刑法第41条）、都道府県知事又は児童相談所長から送致を受けたときに限り家庭裁判所の審判に付されます（少年法第3条第2項）。送致を受けた家庭裁判所は、審判を経て、保護処分（児童自立支援施設送致など）を決定します。なお、2007年（平成19年）の少年法改正により、触法少年も少年院送致の保護処分を受けることが可能となりました。

5 　犯行時16歳以上の少年による一定の重大な事件については、原則として、事件を検察官に送致

・保護処分
　上記以外の場合。保護観察、少年院送致、児童自立支援施設・児童養護施設送致（少年法第24条）。

　2017年（平成29年）中に家庭裁判所において終局処理がなされた少年の総数は約6万3,000人で、その決定の内訳は、検察官送致：6.3％、不処分：21.3％、審判不開始：45.3％、児童相談所長等送致：0.3％、保護処分：26.8％となっています（『平成30年版 犯罪白書』第3編第2章第1節）。すなわち、不処分（処分なし）あるいは審判不開始（審判そのものを開始しない）が全体の約3分の2（66.6％）を占めています。他方で、保護処分（保護観察、少年院送致、児童自立支援施設・児童養護施設送致）は全体の約4分の1（26.8％）となっています。また、成人と同様に刑罰を科される可能性がある「検察官への送致」は全体の6.3％です。このように、家庭裁判所に送致された少年のうち、成人と同様の厳しい処分が科される者の割合は低い様子がうかがわれます。

(4)　厳罰化等の動向
　前記のとおり、少年法の基本的な考え方は保護優先主義です。しかし、1997年（平成9年）に発生したいわゆる「神戸児童連続殺傷事件」（加害者は当時14歳）等を契機として、**少年への処分の見直し**（厳罰化）、**被害者への配慮の充実**等を主眼とした少年法の改正が、2000年（平成12年）以降数回にわたり実施されています。
　2000年（平成12年）改正では、刑事処分の可能年齢が「16歳以上」から「14歳以上」に引き下げられました。2007年（平成19年）改正では、少年院送致の年齢下限が「14歳以上」から「おおむね12歳以上」に引き下げられました。2008年（平成20年）改正では、一定の重大事件において被害者が少年審判の傍聴をすること等が可能となりました。2014年（平成

しなければなりません（少年法第20条）。

【図 5-1】非行少年に対する手続きの流れ

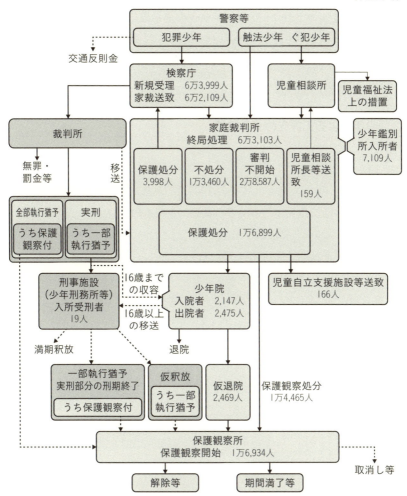

（平成 29 年）

注 1 検察統計年報、司法統計年報、矯正統計年報及び保護統計年報による。
2 「検務庁」の人員は、事件単位の延べ人員である。例えば、1人が2回送致された場合には、2人として計上している。
3 「児童相談所長等送致」は、知事・児童相談所長送致である。
4 「児童自立支援施設等送致」は、児童自立支援施設・児童養護施設送致である。
5 「出院者」の人員は、出院事由が退院又は仮退院の者に限る。
6 「保護観察開始」の人員は、保護観察処分少年及び少年院仮退院者に限る。

（出典：『平成 30 年版 犯罪白書』第 2 章第 1 節、3-2-1-1 図。）

26年）改正では、18歳未満の少年に科すことのできる刑罰の上限の引き上げが行われました。

　さらに、後述のとおり、公職選挙法上の選挙権年齢や民法上の成人年齢が20歳から18歳に引き下げられたこと等を踏まえ、少年法の適用年齢を18歳未満に引き下げるか否かが検討課題となっています。

2．少年による犯罪をめぐる情勢

(1) 時系列的推移

　図5-2は、第二次世界大戦後の1949年（昭和24年）から2018年（平成30年）までの刑法犯少年[6]の検挙人員数、少年人口比（14歳から19歳までの少年1,000人当たりの刑法犯検挙人員数）、成年人口比（20歳以上の成人1,000人当たりの刑法犯検挙人員数）の推移を示したものです。

　戦後の刑法犯少年の検挙人員数は、1983年（昭和58年）に最高値（196,783人）を記録するなど、これまでに「四つの波」（1951年（昭和26年）、1964年（昭和39年）、1983年（昭和58年）、2003年（平成15年））があるとされています。少年人口比も、1982-83年（昭和57-58年）に戦後最高の18.8を、2003年（平成15年）には平成期最高の17.5を、それぞれ記録しました。それぞれの波の特徴として、以下の点が指摘されています（守山・安部（2017）、428頁；安部（2009）、44-47頁）。

- 「第一の波」（1951年（昭和28年））
　　戦後の社会、経済の混乱等を背景とした「生活型非行」。
- 「第二の波」（1964年（昭和39年））
　　高度成長、都市化・核家族化等を背景とした「遊び型（初発型）非行」あるいは「生活型非行」。

---

[6] **刑法犯少年**とは、「刑法犯の罪を犯した犯罪少年で、犯行時及び処理時の年齢がともに14歳以上20歳未満の者」を言います（警察庁『平成29年中における少年の補導及び保護の概況』、凡例）。

【図5-2】刑法犯少年の検挙人員、人口比等の推移（1949～2018年）

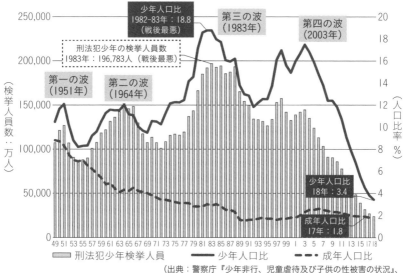

（出典：警察庁『少年非行、児童虐待及び子供の性被害の状況』、『警察白書』（各年版）等のデータを基に筆者作成。）

- 「第三の波」（1983年（昭和58年））
  オイルショック、経済停滞等を背景とした非行の「低年齢化」、「一般化」及び「享楽化」等。
- 「第四の波」（2003年（平成15年））
  非行の「凶悪化」。

しかし、「第四の波」のピークとなった2003年（平成15年）の後、検挙人員数及び人口比とも減少を続け、2018年（平成30年）には検挙人員数は約2万3,500人、少年人口比は3.4となりました。これらはいずれも戦後最低の値です。少年人口比と成年人口比の格差も、1997年（平成9年）には約10倍（少年16.1、成年1.6）にまで拡大しましたが、2017年（平成29年）には約2.1倍（少年3.8、成年1.8）にまで縮小しました。さらに、刑法犯検

第5章　少年の非行、少年の犯罪被害　71

【図 5-3】刑法犯検挙人員総数、刑法犯少年検挙人員、刑法犯検挙人員総数に占める
　　　　　刑法犯少年の割合の推移（1949～2018年）

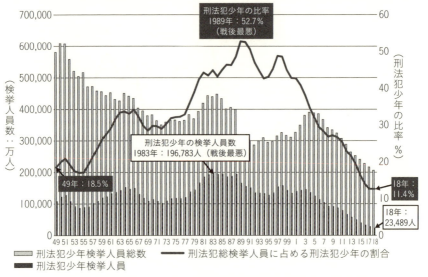

（出典：警察庁『少年非行、児童虐待及び子供の性被害の状況』、
　　　　『警察白書』（各年版）等 のデータを基に筆者作成。）

挙人員総数に占める刑法犯少年の割合も、1989年（平成元年）に戦後最悪の 52.7%（すなわち、刑法犯で検挙された者の半数以上が少年）に達した後は減少を続け、2018年（平成30年）には 11.4%（戦後最低の値）まで減少しました（図 5-3）。このように、少なくとも統計上は、平成期中盤以降、少年による犯罪をめぐる情勢は改善していると言えます。[7]

(2)　罪種別の構成比

　2018年（平成30年）の刑法犯少年の検挙人員数は約 2万 3,500人です。これを罪種別の構成比をみると、凶悪犯：2.0%、粗暴犯：15.4%、窃盗

---

[7]　少年犯罪減少の要因としては、少年人口の減少、社会全体の非暴力化傾向等が指摘されています。ただし現時点では仮説の域を出ず、客観的データ等に基づいた学術的な検証作業は現在も継続中です（守山・安部（2017）、430頁）。

犯：56.0%、知能犯：4.9%、風俗犯：2.3%、その他：19.4%となってます（警察庁「平成30年における少年非行、児童虐待及び子供の性被害の状況」）。窃盗犯が6割近くを占めているのに対し[8]、凶悪犯（殺人、強盗、放火、強姦）及び粗暴犯（暴行、傷害、脅迫、恐喝、凶器準備集合）はあわせて約17%となっています。こうした各罪種の比率は戦後一貫して概ね同一の傾向を示しています。

また、図5-4及び図5-5は、第二次世界大戦後の1946年（昭和21年）以降の少年の強盗と殺人の検挙人員数の推移を示したものです（『平成30年版 犯罪白書』第3編第1章第1節）。強盗の検挙人員数は2003年（平成15年）に約1,800人に達するなど、平成期の初期から中盤にかけて増加傾向を示しました。しかし、2004年（平成16年）以降は減少傾向に転じ、2016年（平成29年）には272人と戦後最低の水準まで減少しています。また、殺人に関しても、2017年（平成29年）の検挙人員は51人であり、平成期の初期から中盤の時期に比較すると概ね半数まで減少しています。

このように、少年による強盗や殺人は、少なくとも統計上は、平成期の初期から中盤にかけて一時期増加したものの、その後は減少していると言えます。もとより、戦後直後の混乱期に比較すれば、大きく減少しているとも言えます。

(3) 新しい動向？

前記のとおり、長期的な統計に基づいてみる限り、少年による殺人や強盗は「量的」には概ね減少する傾向にあります。本章の冒頭で指摘したような「最近は、昔に比べると少年による殺人などの凶悪事件が増えているのではないか」との指摘は少なくとも「量的」には正しいとは言えません。

他方で、1997年（平成9年）のいわゆる「神戸児童連続殺傷事件」（被疑者は14歳）、1999年（平成11年）のいわゆる「光市母子殺害事件」（被疑者は18歳）等のように、メディア等を通じて世間の注目を集めるような少年に

---

[8] 具体的な罪名でみると、窃盗と遺失物等横領（例えば、放置自転車を勝手に利用すること等）で全体の約7割を占めます。

【図 5-4】少年による強盗の検挙人員数の推移（1946〜2017 年）

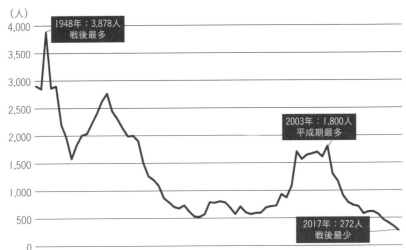

(出典：『平成 30 年版 犯罪白書』第 3 編第 1 章第 1 節のデータに基づき筆者作成。)

【図 5-5】少年による殺人の検挙人員数の推移（1946〜2017 年）

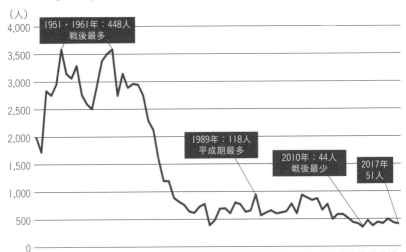

(出典：『平成 30 年版 犯罪白書』第 3 編第 1 章第 1 節のデータに基づき筆者作成。)

よる凶悪事件がみられるようになっています。こうした事件は、従前に比較して以下のような「質的」な特徴があるとの指摘もあります（小林 (2008)、52-53 頁）。

- 「いきなり型」の犯行
  非行前歴のない少年による犯行：「この子に限ってなぜ？」。
- 「殺人願望型」の犯行
  「誰でもよいから人を殺してみたい」との動機を有する。
- 「快楽追及型」の犯行
  「人を痛めつけて快感を得てみたい」との動機を有する。例えば、ホームレスへの集団暴行、いわゆる「オヤジ狩り」など。

こうした指摘が客観的に妥当か否かに関しては必ずしも十分に学術的な検証はなされておらず、引き続き慎重な検証が必要と考えられます。[9] なお、「最近は、昔に比べると少年による殺人などの凶悪事件が増えた」「普通の子供による『いきなり型』の犯行が増えた」といった類の指摘（印象）の一因として、少年犯罪に関するセンセーショナルあるいはステレオタイプ的な報道の影響等があるとの指摘もあります（岡邊等 (2014)、87 頁）。

3．少年の犯罪被害

少年が加害者として犯罪を行う事案のみならず、少年（特に13歳未満の児童[10]）が犯罪の被害者となるような事案への対処も大きな課題となってい

9　例えば、「普通の少年」による「いきなり型」非行と言う場合の、「普通」の定義、「いきなり」の定義等がなお曖昧だとの指摘もあります（岡邊等 (2014)、276 頁）。
10　「児童」と「少年」は必ずしも同一の概念ではありません。児童虐待防止法、児童買春・児童ポルノ禁止法、児童福祉法等では、「児童」とは年齢が「満18歳に満たない者」とされています。他方、学校教育法を始め他の法令では異なった年齢層の少年を指す場合もあります。（※詳細は、内閣府『平成30年版 子供・若者白書』254頁（各種法令による子供・若者の年齢区分）参照）

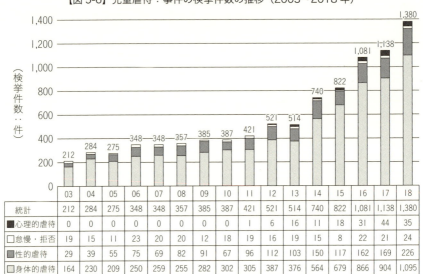

【図5-6】児童虐待：事件の検挙件数の推移（2003～2018年）

(出典：警察庁『平成30年中における少年非行、児童虐待及び子供の性被害の状況』等のデータを基に筆者作成。)

ます。近年の刑法犯認知件数の減少と相まって、児童が被害者となる刑法犯の認知件数も全般的には減少傾向にあります。しかしながら、児童虐待、福祉犯（児童買春・児童ポルノ禁止法違反、児童福祉法違反（児童に淫行をさせる行為等）等の少年の心身に有害な影響を与え、少年の福祉を害する犯罪）等は近年増加傾向にあります。こうした動向の一因として、近年の携帯電話やスマートフォンの普及とこれらを利用したインターネットやSNSの発展が関係していることが考えられます（守山・安部（2017）、436-437頁）。[11]

児童虐待は[12]、2018年（平成30年）の検挙件数は約1,400件に達し、統

---

11 加えて、例えば児童虐待等については、従来は行政機関、警察等による把握が困難であった事案が、関係法令の整備、社会の認識の変化等により以前に比較すると顕在化しやすくなったという側面もあると考えられます（守山・安部（2017）、404頁）(※第3章参照）。児童買春・児童ポルノ禁止法及び児童虐待防止法はそれぞれ1999年（平成10年）及び2000年（平成11年）に成立しています。

12 「児童虐待」の法律上の定義は、児童虐待防止法第2条に定められています。

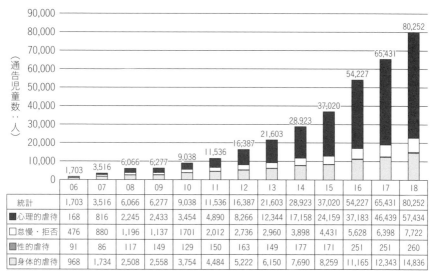

【図 5-7】児童虐待：警察から児童相談所に通告した児童数の推移（2006〜2018 年）

（出典：警察庁『平成 30 年中における少年非行、児童虐待及び子供の性被害の状況』等のデータを基に筆者作成。）

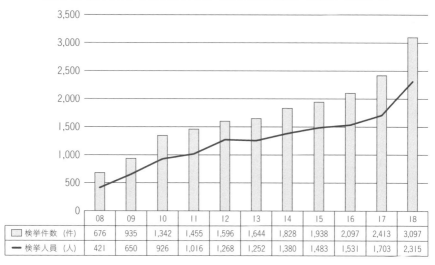

【図 5-8】児童ポルノ事犯の検挙件数、検挙人員数の推移（2008〜2018 年）

（出典：警察庁『平成 30 年中における少年非行、児童虐待及び子供の性被害の状況』等のデータを基に筆者作成。）

計を取り始めた1999年（平成11年）以降最多となりました（図5-6）。10年間で3.9倍の増加になります。態様別の内訳では身体的虐待が約80%を占めています。また、同年に警察から児童相談所に通告した児童数は約8万人に達し、こちらも過去最多となりました（図5-7）。10年間で13.2倍の増加になります。態様別の内訳では、検挙件数の場合と異なり、心理的虐待が約70%を占めています（警察庁『平成30年中における少年非行、児童虐待及び子供の性被害の状況』）。[13]

児童ポルノ事犯も近年増加傾向にあります。2018年（平成30年）の事件検挙件数及び検挙人員数は、10年前（2008年（平成20年））に比較してそれぞれ4.6倍及び5.6倍となっています。特徴として、同年中の検挙事案のうち約7割がスマートフォンを使用したSNSの利用に起因したものとなっています（警察庁『平成30年中における少年非行、児童虐待及び子供の性被害の状況』）。

4．政府による対策

少年非行の「第四の波」のピークに当たる2003年（平成15年）の6月、政府では、青少年の健全育成と非行防止に向けた施策を総合的に推進する組織として**青少年育成推進本部**（本部長：内閣総理大臣）が設置されました。[14] 同年12月には総合的な施策の基本的な指針となる「**青少年育成施策大綱**」（平成15年12月9日、青少年育成推進本部決定）が策定されました。[15] 同大綱は

---

[13] 児童虐待は、ストーカー事案、ドメスティック・バイオレンス（DV）事案等とともに「**人身安全関連事案**」（恋愛感情や家族間の人間関係等に起因し、主として個人の私的な関係性や私的領域の中で生じる事案（『平成30年版 警察白書』、27頁））の視点から論じられる場合も少なくありません。これらの人身安全関連事案は、以前は「家庭内の私的な出来事」等として顕在化しにくい、すなわち行政機関、警察等が介入しにくい領域とみられていました。しかし、ストーカー規制法（2000年（平成12年）施行）、ドメスティック・バイオレンス（DV）防止法（2001年（平成13年）施行）等の成立を経て、近年はこれらの事案に対しても警察が積極的に介入することが求められるようになっています（※第4章参照）。
[14] 内閣府HP（http://www8.cao.go.jp/youth/suisin/yhonbu/yhonbu.html）。
[15] 同上。

2008年（平成20年）12月12日に改訂されています。[16]

　その後、2010年（平成22年）4月、子ども・若者育成支援推進法の施行を受けて、青少年育成推進本部は廃止され、代わって同法に基づき子ども・若者育成支援推進本部（本部長：内閣総理大臣）が設置されました。[17] 同年7月には、同法（第8条第1項）に基づき、青少年育成施策大綱に代わる新たな総合的な施策の指針として「子ども・若者ビジョン」（平成22年7月22日、子ども・若者育成支援推進本部決定）が策定されました。[18] 同ビジョンは更に2016年（平成28年）2月に「子供・若者育成支援推進大綱」（平成28年2月9日、子ども・若者育成支援推進本部決定）に改訂されています。[19]

　これらの大綱等の中に含まれる少年の非行防止策、被害防止策等[20]の特徴点としては、①司法による事後的な対応（取締り等）のみならず、事前の総合的な予防を重視していること[21]、②家庭、学校、地域社会はもとより、福祉、警察、司法、保護、矯正、民間NPO等の多様なアクターの参画を前提としていること、などがあげられます。

　児童虐待に関しては、2000年（平成12年）に児童虐待防止法が成立・施行されました。以後、同法、児童福祉法等については、児童の権利擁護の強化等を目的とした法改正が順次行われています。例えば、通告義務の範囲の拡大（2004年（平成16年））、児童の安全確認等のための立入調査等の強化（2007年（平成19年））、親権制度の見直し（2011年（平成23年））、親権者等による体罰の禁止（2019年（令和元年）6月）等です。また、2018年（平成30年）7月、いわゆる「東京都目黒区の女児死亡事案」（同年3月）の発

16　同上。
17　内閣府HP（http://www8.cao.go.jp/youth/wakugumi.html）。
18　同上。
19　同上。
20　これらの大綱等は、子供や若者の健全育成や自立のための総合的支援策を定めたものであり、必ずしも少年の非行防止、被害防止等に特化したものではありません。
21　例えば、警察による主に事前防止を主眼とした施策としては、少年サポート・センターの運営、少年相談活動、非行防止教室等の開催、街頭補導活動等があります。
　　なお、こうした諸施策の背景には、犯罪予防論の考え方（※第2章参照）が影響していると考えられます。特に新旧青少年育成施策大綱では、年齢期（乳幼児期、学童期、思春期、青年期及びポスト青年期）ごとの施策を検討するなど、発達的犯罪予防論の影響がうかがえます。

生等を受けて、児童虐待防止対策に関する関係閣僚会議[22]において、政府全体としての総合的な対策として「児童虐待防止対策の強化に向けた緊急総合対策」（平成30年7月20日、児童虐待防止に関する関係閣僚会議決定）が決定されました。[23]

5．様々な課題
——あなたが当事者ならどう考えますか？

(1) 保護優先主義と厳罰化・被害者等への配慮等のバランス

前記のとおり、少年法に基づく現在の少年司法の基本的な考え方は保護優先主義です。しかし、1997年（平成9年）に発生したいわゆる「神戸児童連続殺傷事件」（加害者は当時14歳）等を契機として、**少年への処分の見直し（厳罰化）、被害者への配慮の充実**等を主眼とした少年法の改正が、2000年（平成12年）以降数回にわたり実施されています。言い換えると、**少年に対する保護優先主義と厳罰化・被害者等への配慮等のバランスを**如何にとるかが様々な場面で課題となります。

例えば、**少年法の適用年齢**の問題があります。少年法の定める「少年」とは、「20歳未満の者」を言います（同法第2条第1項）。一方、2015年（平成27年）6月の公職選挙法改正により、選挙権年齢は「満20歳以上」から「満18歳以上」に引き下げられました。また、2018年（平成30年）6月に成立した改正民法でも同様に同法上の成人年齢が「満18歳以上」に

22　厚生労働省HP（https://www.mhlw.go.jp/stf/seisakunitsuite/bunya/0000212242.html）。
23　同緊急総合対策の中では、児童虐待防止のための総合対策として次の次項が示されています。①児童相談所・市町村における職員体制・専門性強化などの体制強化、②児童虐待の早期発見・早期対応、③児童相談所間・自治体間の情報共有の徹底、④関係機関（警察・学校・病院等）間の連携強化、⑤適切な司法関与の実施、⑥保護された子どもの受け皿（里親・児童養護施設等）の充実・強化。

　なお、その後もいわゆる「野田市における女児死亡事案」（2019年（平成31年）1月）等の発生が続いたこと等を受けて、同年3月には、児童虐待防止対策に関する関係閣僚会議において、**「児童虐待防止対策の根本的強化について」**が決定されました。骨子は次のとおりです。①子供の権利擁護、②児童虐待の発生予防・早期発見、③児童虐待発生時の迅速・的確な対応、④社会的養育の充実・強化。

引き下げられました（施行は 2022 年（令和 4 年）4 月）。こうした「成人年齢の引き下げ」の流れの中で、少年法の対象年齢を現在の 20 歳未満から 18 歳未満に引き下げるか否かが検討課題となっています。

　少年事件の実名報道の適否もしばしば問題となります。少年法は保護優先主義の考え方に基づき、少年の実名報道等の禁止を定めています（同法第 61 条）。ただし、違反に対する罰則規定はありません。理由としては、立法時に報道の自由等への配慮があったものと考えられます。こうしたことから、特に凶悪な内容とみられる少年犯罪事件等に関して、被疑者の実名、顔写真等が報道機関等によって報道され、その適否が議論となる場合もあります。[24] 加えて、近年のインターネット、SNS 等の発達により、報道機関ではなく一般市民等が、ネット上等で被疑者の個人情報を公開し、拡散させる事例も散見されます。[25]

(2)　安全と権利自由のバランス
◎青少年の健全育成（有害情報規制等）と表現の自由等
　青少年の健全育成、すなわち、少年非行対策及び少年が被害者となる犯罪の防止の双方の観点から、違法・有害情報に少年が触れることに対して一定の規制措置がとられています。

　例えば、青少年インターネット環境整備法（2008 年（平成 20 年）6 月成立）に基づき、**携帯電話等を利用した少年による有害サイトの閲覧を制限する制度（フィルタリング制度）**が導入されています。[26] さらに、都道府県によっては、独自の条例により、同法による規制を更に強化した規制が科されている場合もあります。こうした規制に関しては、**表現の自由等の権利自由**

---

[24] 犯行時は少年であっても実名報道時には既に成人に達している場合等には更に問題が複雑化します。
[25] さらに、ネット上等において、犯行とは無関係な加害者の家族等の個人情報が公開されたり、あるいはこうした加害者家族等に対する誹謗中傷等がなされる場合もあります。こうした問題は、**加害者家族等をめぐる問題**として議論されることもあります。（※第 9 章コラム参照）
[26] この他、**出会い系サイト規制法**（2003 年（平成 15 年）6 月成立）は、「出会い系サイトの利用に起因する児童買春その他の犯罪から児童を保護し、児童の健全な育成に資することを目的」として、出会い系サイトに対する様々な規制を定めています。

の保護[27]、民間事業者の制度運営コスト負担等とのバランスが課題となります。

都道府県の定める青少年保護育成条例等によって、有害情報を含む書籍の陳列等に対して規制が科される場合もあります。例えば、2010年（平成22年）12月に東京都議会で成立した改正東京都青少年健全育成条例では、「不健全図書」と指定されたマンガ等の区分陳列が義務付けられました。同条例の審議に際しては、表現の自由等の権利自由の保護、民間事業者（出版事業者、小売り事業者等）の制度運営コスト負担等の観点から様々な議論がなされました。[28]

◎子どもの安全と親権

民法には第4章（第818条－第837条）に**親権**に関する規定があり、子に対する監護権（820条）、懲戒権（第822条）等が定められています。親権とは「未成年の子どもを育てるために親が持つ権利と義務の総称」と解され、「子どもの身の回りの世話をする、子どもに教育やしつけをする、子どもの住む場所を決める、子どもの財産を管理する」等の行為が含まれます。他方で、「しつけと称して子どもに暴力を振るったり、暴言を吐いたり、子どもの世話を放棄したりするなどの児童虐待は、親権の濫用」と解

---

27 例えば、「有害情報」の定義の明確性、制度の実効性（効果があがることが検証されているのか）等が問題と成り得ます。
　青少年インターネット環境整備法では、「**青少年有害情報**」を「インターネットを利用して公衆の閲覧（視聴を含む。）に供される情報であって青少年の健全な成長を著しく阻害するもの」と定義した上で、例示として、以下を示しています（同法第2条第3項及び第4項）。
① 犯罪若しくは刑罰法令に触れる行為を直接的かつ明示的に請け負い、仲介し、若しくは誘因し、又は自殺を直接的かつ明示的に誘因する情報
② 人の性行為又は性器等のわいせつな描写その他の著しく性欲を興奮させ又は刺激する情報
③ 殺人、処刑、虐待等の場面の陰惨な描写その他の著しく残虐な内容の情報
28 有害情報とは直接関係はないものの、児童の権利自由とその他の権利自由のバランス等が問題となった別の事例として、いわゆる**児童ポルノの単純所持罪**の創設をめぐる議論があります。児童買春・児童ポルノ禁止法は従来、提供目的の児童ポルノの所持に対する処罰は定めていたものの、単純所持に対する処罰は定めていませんでした。しかし、その後の児童の権利擁護に関する国際世論の高まり等を踏まえ、2014年（平成26年）6月の改正で単純所持に対する処罰規定が定められました（同法第7条第1項）。この際、同罪が捜査当局によって恣意的に運用されるのではないか等の懸念が一部で示されました。

されます。[29]

　近年の児童虐待をめぐる情勢の深刻化を受けて、2011年（平成23年）の民法の一部改正等により、**親権停止制度**の創設を始め親権に一定の制限を加える制度の拡充が図られました。さらに、2019年（令和元年）6月に成立した児童虐待防止法と児童福祉法の改正では、親権者等による**体罰の禁止**が明記されたほか、同改正法の施行後2年をめどに懲戒権のあり方を検討する旨も定められました。

⑶　アクター間の連携等

　前記のとおり、少年の非行、少年が被害者となる犯罪の防止等を効果的に実行するためには、警察、学校、家庭裁判所、検察庁、病院、児童相談所、保護観察所、民間ボランティア組織、NPO等の様々なアクターが連携をして対処することが必要となります。しかし実際には、**アクター間の連携の不足**が指摘される事例も少なくありません。特に児童虐待に関しては、虐待が疑われる事案に関する情報の共有等の連携が十分になされないまま虐待の被害が拡大してしまったとみられる事例がしばしば発生しています。[30]

　こうした状況の背景要因としては、それぞれのアクターの「**縄張り意識**」[31]、プライバシーへの配慮、**人員の不足**等が考えられます。[32] さらに、民間ボランティア組織、NPO等については**資金不足**等の課題も考えられます。[33]

29　政府広報オンライン（平成29年（2017年）10月13日）「児童虐待から子どもを守るための民法の『親権制限制度』」（https://www.gov-online.go.jp/useful/article/201203/1.html）。
30　例えば、虐待を受けている可能性のある児童に関する情報が児童相談所や学校から警察に通報されないうちに児童が死亡してしまう等被害が拡大してしまった事例、虐待の可能性のある児童の家族の転居に際し転居元と転居先の関係機関の間で情報が十分に共有されなかったことから転居先で被害が深刻化してしまった事例等があります。
31　警察と児童相談所の間でこうした情報を全件共有する施策が実施されている都道府県は、2018年（平成30年）9月時点で9府県です。
32　2000年（平成12年）から2017年（平成29年）までの間に、全国の児童相談所が児童虐待相談として対応した件数は7.5倍に増加しました（厚生労働省『平成29年度 児童相談所での児童虐待相談件数』）。他方、同時期における児童福祉司の人員数の増加は2.5倍にとどまっています（2019年6月19日付日本経済新聞）。
33　例えば、児童相談所の設置の拡充に関しても、中小規模の地方公共団体においては、財政、人材確保等の面から、直ちに実現することは容易ではないとみられます。

【本章のポイント】

◎少年に対する手続き
- 犯罪行為を行った少年については、少年法の定めに基づき、家庭裁判所において、当該少年の健全な育成を主眼として成人とは異なる取り扱いがなされます（**保護優先主義**と**家庭裁判所優先主義**）。

◎少年犯罪等をめぐる状況
- 戦後、少年非行には4回の「波」がありました。また、メディア等では少年による凶悪犯罪の増加等が論じられる場合があります。
- しかし、統計的にみると、「第四の波」（2003年（平成15年）前後）以降の平成期の中盤から後期にかけて、少年犯罪の数は（殺人、強盗等の凶悪犯罪を含め）減少しています。

◎少年の犯罪被害をめぐる状況
- 他方、少年が犯罪の被害者となる事案のうち、児童虐待、福祉犯等の事件検挙件数等は増加傾向にあります。
- 背景に、近年の携帯電話やスマートフォンの普及とこれらを利用したインターネットやSNSの発展が関係していると考えられます。

◎政府による総合的な少年対策
- 「第四の波」のピーク（2003年（平成15年））以降、政府では、青少年問題に関する施策を総合的に推進するための組織及び基本的な指針が定められています。
- これらの基本的な指針では、事後的対応（取締り等）のみならず**総合的な予防措置の必要性**、**多様なアクターの参画の必要性**が指摘されています。

◎課題
- 少年司法の在り方に関し、**保護優先主義と厳罰化・被害者等への配慮等のバランス**が課題となる場合があります。例えば、**少年法の適用年齢の問題**（引き下げの可否）、**少年事件の実名報道の問題**等があげられます。
- 子どもの安全と権利自由のバランスが課題となる場合もあります。例えば、青少年の健全育成を目的とした**有害情報規制**等と**表現の自由**等のバランス、**親権の制限**等が課題となります。
- 対策に当たる**各アクター間の連携**（警察、学校、家庭裁判所、検察庁、病院、児童相談所、保護観察所、民間ボランティア組織、NPO等）等が課題となる場合もあります。これらのアクターの**資金**、**人材**等の確保が問題となる場合もあります。

□□□ **更に学びたい方のために** □□□

【参考文献】
安部哲夫（2014）『新版 青少年保護法 補訂版』尚学社。
岡邊健（2013）『現代日本の少年非行──その発生態様と関連要因に関する実証的研究』現代人文社。
岡邊健編（2014）『犯罪・非行の社会学──常識をとらえなおす視座』有斐閣。
小林寿一編（2008）『少年非行の行動科学──学際的アプローチと実践への応用』北大路書房。
藤岡淳子編（2007）『犯罪・非行の心理学』有斐閣。
守山正・安部哲夫（2017）『ビギナーズ刑事政策（第3版）』成文堂。

□ 第6章
犯罪のグローバル化

1. はじめに——犯罪のグローバル化はなぜ問題なのか
2. 犯罪のグローバル化の背景
   (1) ヒトの流れ
   (2) モノ、カネの流れ
   (3) 情報の流れ
3. 犯罪のグローバル化の現状
   (1) 国外における状況
   (2) 国内における状況
4. 政府による対策
5. 様々な課題——あなたが当事者なら
   どう考えますか？
   (1) 出入国管理の強化
   (2) 犯罪やテロを未然防止する社会的な環境づくり、航空保安の強化
   (3) 多文化共生社会の実現
   (4) 先進的な捜査手法の導入・推進
   (5) 国際協力の推進
【本章のポイント】
コラム：日本国内での在留外国人の分布

　グローバル化の進展は、一般に、社会にメリット・デメリットの双方をもたらすと考えられます。例えば、2019年（平成31年）4月の改正入管法の施行により、日本では、今後外国人材の受入れが拡大して行くこととなりました。こうした動向に対し、世論調査等では、経済上のメリットを期待する意見が多くみられる一方、治安の悪化を懸念する意見もみられます。[1] そもそも、こうした見方は本当に正しいのでしょうか。さらに、犯罪のグローバル化に対処して行く上で、一般市民はどのような関わりを持

1　例えば2019年（令和元年）5月5日付読売新聞「［外国人材＠日本 全国世論調査］労働力受け入れ　残る不安　地域トラブル　増加懸念63%」は、外国人材の受入れ拡大をめぐる世論調査において、懸念されるマイナス面として「治安の悪化」を指摘した回答は57%に上り、「生活習慣の違いで地域社会のトラブルが増える」（63%）に次いで2番目に多かった旨を報じています。

ち、また、その際の課題としてはどのようなことがあるのでしょうか？
本章ではそうした点を検討してみます。

1．はじめに
──犯罪のグローバル化はなぜ問題なのか[2]

　近年、様々な場面においてグローバル化ということが指摘されています。グローバル化の意義の解釈は様々ですが、少なくともその背景には、近年、ヒト、モノ、カネ（資金）、情報等が国境を越えて大量に移動するようになっていることがあります。

　グローバル化は、国境を越えた経済活動を活発化するなど、社会に多くの利点をもたらすと考えられます。他方で同時に、犯罪対策の観点からみると、グローバル化にはマイナスの側面もあります。なぜならば、たとえ同じ形態の犯罪であっても、国際的な犯罪[3]は、国際的ではない犯罪に比べて未然防止や事件捜査がより困難である場合が少なくありません。その理由としては、①未然防止活動や捜査活動を行う必要がある地理的範囲がより広範囲にわたること、②言語や文化の違いが障害となる場合があること、③外国機関との協力（例えば、情報交換、証拠資料及び被疑者の引渡し等）等において法制度の違い等が障害となる場合があること[4]、などがあげられます。こうしたことから、国際的な犯罪への対応は、国際的ではない犯罪

2　本章において「日本人」とは、日本国民（日本国籍を有する者）を指します。また、「外国人」とは、日本国籍を有しない者を指します（入管法第2条第2項）。

3　国際的な犯罪には、①日本において発生した犯罪で外国人等が関係しているもの、②日本において発生した犯罪で（外国人等の直接の関与はない場合であっても）外国の犯罪インフラ（金融口座、ネットサーバー等）等が関係しているもの、③外国において発生した犯罪で日本人等が関係しているもの、④外国において発生した犯罪で（日本人等の直接の関与はない場合であっても）日本の犯罪インフラ等が関係しているもの、など様々な形態があります。なお、海外において日本人が殺人等の一定の犯罪の被疑者や被害者となった場合（例えば日本人が国外においてテロ事件を引き起こした場合、国外に滞在中の日本人がテロ事件に巻き込まれ死亡した場合等）には、刑法の**国外犯規定**（第3条、第3条の2）に基づき、日本の刑法が適用されます。

4　異なった国家間の法制度上の問題に対応するため、**刑事共助条約（協定）**、**犯罪人引渡条約**等の各種の国際的な約束が定められている場合もあります。こうした国際約束は、二国間で締結される場合もあれば、国際会議や国連等の国際機関の場において複数国間で締結される場合もあります。

への対応に比べて、警察を始めとする関係機関ひいては国民に対してより多くのコストを課すこととなります。[5]

このように、犯罪のグローバル化の問題とは、社会のグローバル化がもたらす一種の副作用に対してどのように対処するかという問題とも言えます。

2．犯罪のグローバル化の背景

前記のとおり、グローバル化の背景には、近年、ヒト、モノ、カネ（資金）、情報等が国境を越えて大量に移動するようになったことがあると考えられます。以下ではその状況を概観します（図6-1参照）。

(1) ヒトの流れ

「ヒトの流れ」のグローバル化の状況を示す指標としては次の統計があげられます。第一に、「日本人の国外への流れ」の状況を示すものとして「日本人の日本からの出国者数」と「海外の在留邦人数」があります。第二に、「外国人の日本への流れ」の状況を示すものとして「外国人の日本

---

5 加えて、国際的な犯罪は、国際的ではない犯罪に比べて、報道等で大きく取り上げられる機会等が少なくないとみられることから、国民の体感治安に与える影響がより大きいと考えられます。
　2012年（平成24年）に内閣府が実施した世論調査（「治安に関する特別世論調査」）では、「治安が悪くなったと思う原因は何か」という質問に対して、回答者の28.2%が「来日外国人犯罪が増えたから」との要因をあげています。来日外国人犯罪の検挙件数・人員数がピークにほぼ達した2004年（平成16年）及び2006年（平成18年）における同種の調査においても、同様の質問に対して回答者の55.4%及び55.1%が「来日外国人による犯罪が増えたから」等との要因をあげ、全項目の中でトップとなりました。
　平成の初期から2004-2005年（平成16-17年）頃まで来日外国人犯罪の検挙件数・人員数が増加したことは事実です。他方、後述のとおり、平成期に入って以降、刑法犯の全検挙人員数の中に占める来日外国人の割合は概ね2-3%の範囲内で推移しています（図6-7参照）。凶悪犯（殺人、強盗等）に限っても、全検挙人員の中に占める来日外国人の割合は概ね2-6%の範囲内で推移しています（ピークであった2003-2005年でも5.6-5.7%）。一般的なイメージよりも低い値である様子がうかがわれます。

【図 6-1】ヒト、モノ、情報の流れの推移

		① 1965 年 (昭和 40 年)	② 1989 年 (平成元年)	③ 2018 年 (平成 30 年)	増加
ヒト	日本人の出国者数	26 万 5,683 人	966 万 2,752 人	1,895 万 4,031 人	①⇒③ 71.3 倍 ②⇒③ 2.0 倍
	海外に滞在する 在留邦人数	—	58 万 6,972 人	135 万 1,970 人 (2017 年)	②⇒③ 2.3 倍
	外国人の入国者数	29 万 1,309 人	298 万 5,764 人	3,010 万 2,102 人	①⇒③ 103.1 倍 ②⇒③ 10.1 倍
	(日本に滞在する) 在留外国人数※	66 万 5,989 人	98 万 4,455 人	273 万 1,093 人	①⇒③ 4.1 倍 ②⇒③ 2.8 倍
モノ カネ	貿易総額	6 兆円	66 兆 8,000 億円	164 兆 2,000 億円	①⇒③ 27.4 倍 ②⇒③ 2.5 倍
	輸出額	3 兆円	37 兆 8,000 億円	81 兆 5,000 億円	①⇒③ 27.2 倍 ②⇒③ 2.2 倍
	輸入額	2 兆 9,000 億円	29 兆円	82 兆 7,000 億円	①⇒③ 28.5 倍 ②⇒③ 2.9 倍
情報	インターネット 利用者数	—	1,155 万人 (1997 年)	1 億 84 万人 (2016 年)	②⇒③ 8.7 倍
	インターネット 利用率	—	9.2% (1997 年)	80.9% (2017 年)	②⇒③ 8.9 倍

※ 在留外国人数の 1965 年及び 1989 年の値は外国人登録法(2012 年(平成 24 年)7 月に廃止)に基づく外国人登録者数を掲載。

(出典:以下のデータを基に筆者作成。
・日本人出国者数:法務省『出入国管理統計』。
・海外在留邦人数:外務省『海外在留邦人数調査統計』。
・外国人入国者数:法務省『出入国管理統計』。
・在留外国人数:法務省『在留外国人統計(旧登録外国人統計)』。
・貿易額:財務省『財務省貿易統計』。
・インターネット利用者数、インターネット利用率:総務省『情報通信白書』。)

への入国者数」と「日本国内の在留外国人数」があります。[6]

(イ) 日本人の国外への流れ

○日本人の出国者数[7] (図 6-2 参照)

　日本から国外へ出国する日本人の数は、1965 年(昭和 40 年)には約 26

---

[6] 日本人出国者数と外国人入国者はフローの値、海外の在留邦人数と日本国内の在留外国人数はストックの値と言えます。

[7] 出典は法務省『出入国管理統計』。

【図6-2】日本人の出国者数・外国人の入国者数の推移（1950〜2018年）

（出典：法務省『出入国管理統計』のデータを基に筆者作成。）

万6,000人でした。その後、年によって増減はあるものの、中長期的には増加傾向にあり、2018年（平成30年）には過去最多の1,900万人近くに達しました。約50年間で70倍以上に増加したことになります。1989年（平成元年）の約960万人と比較しても、30年間で2.1倍に増加しています。

○海外の在留邦人数（図6-3参照）[8][9]

海外の在留邦人の数は、1989年（平成元年）には約58万7,000人でした。こちらもその後増加を続け、2017年（平成29年）には約135万人に達しました。約30年間で2.3倍に増加したことになります。

2017年（平成29年）時点の在留邦人の滞在国の内訳は、①米国（31.5％、

---

[8] 出典は外務省『海外在留邦人数調査統計』。なお、海外在留邦人数は、あくまで外務省に届け出のあった数であり、実際に滞在している日本人の数は更に多いと推測されます。

[9] 「在留邦人」とは、海外に3か月以上在留している日本国籍を有する者を指します。「長期滞在者」（3か月以上の海外在留者のうち、海外での生活は一時的なもので、いずれわが国に戻るつもりの邦人）と「永住者」（（原則として）当該在留国等より永住権を認められており、生活の本拠をわが国から海外へ移した邦人）の2つに区分されます。

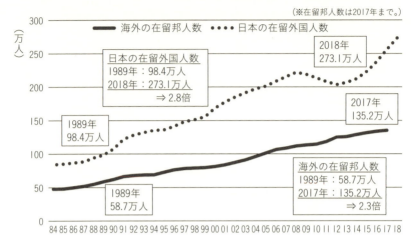

【図6-3】海外の在留邦人数、日本の在留外国人数の推移（1984〜2018年）

（出典：外務省『海外在留邦人数調査統計』、法務省『在留外国人統計』及び同『旧登録外国人統計』のデータを基に筆者作成。）

約42万6,000人）、②中国[10]（9.2％、約12万4,000人）、③豪州（7.2％、約9万7,000人）、④タイ（5.4％、約7万3,000人）、⑤カナダ（5.2％、約7万人）、⑥英国（4.7％、約6万3,000人）、⑦ブラジル（3.9％、約5万2,000人）となっています。中長期的にみると、中国の順位と比率が上昇する一方、ブラジルの順位と比率が低下する傾向にあります。[11]

10　ここでの「中国」は香港及びマカオを含みますが、台湾を除きます。データの出典元である外務省の『海外在留邦人数調査統計』の用語法に従っています。

11　1998年（平成10年）の状況は、①米国（36.7％、約29万人）、②ブラジル（10.6％、約8万4,000人）、③英国（7.0％、約5万6,000人）、④中国（台湾を除く）（5.7％、約4万5,000人）、⑤カナダ（3.5％、約2万8,000人）、⑥豪州（3.5％、約2万8,000人）、⑦シンガポール（3.2％、約2万6,000人）、⑧ドイツ（2.9％、約2万3,000人）、⑨タイ（2.8％、約2万2,000人）、⑩フランス（2.8％、約2万2,000人）でした。なお、中国における在留邦人数は、2012年（平成24年）がピークでその後は漸減しています。また、ブラジルにおける在留邦人数は、最盛期の1975年（昭和50年：約14万6,000人）に比較すると約3分の1まで減少しています。

(ロ) 外国人の日本への流れ

○外国人の入国者数[12]（図 6-2 及び図 6-4 参照）

　日本へ入国した外国人の数は、1965 年（昭和 40 年）には約 29 万 1,000 人でした。その後、年によって増減はあるものの、中長期的には増加傾向にあり、2018 年（平成 30 年）には過去最多の約 3,010 万人に達しています。約 50 年間で 103.1 倍に増加したことになります。1989 年（平成元年）の 300 万人弱と比較しても、平成期の 30 年間で 10.1 倍に増加しています。

　2018 年（平成 30 年）の外国人の新規入国者[13]の国籍・地域別の内訳は、①韓国（26.6％、約 733 万人）、②中国[14]（21.6％、約 595 万人）、③台湾（16.0％、約 441 万人）、④香港（7.6％、約 209 万人）、⑤米国（5.2％、約 145 万人）、の順となっています（図 6-4 参照）。中国、韓国を始めアジア地域の国・地域からの入国者が全体の約 85％を占めています。中長期的に見ると、中国の順位と比率が上昇しています。[15]

○国内の在留外国人数[16]（図 6-4 及び図 6-5 参照）

　日本に一定期間以上滞在している外国人の数を示す在留外国人数は、1965 年（昭和 40 年）には約 66 万 6,000 人でした。その後増加を続け、2018 年（平成 30 年）末には過去最多の約 273 万 1,000 人となっています。約 50 年間で 4.1 倍に増加したことになります。1989 年（平成元年）の約 98 万 4,000 人と比較しても平成期の 30 年間で 2.8 倍に増加しています。[17]

12　出典は法務省『出入国管理統計』。
13　「新規入国者」とは、入国者から再入国者（我が国に就労、就学等で中長期にわたり在留している外国人で、里帰りや観光・商用で一時的に我が国を出国し、再び入国する者）を除いたものです。
14　ここでの「中国」には台湾、香港及びマカオの数は含まれていません。データの出典元である法務省の統計の用語法に従っています。
15　1989 年（平成元年）の状況をみると、①韓国（21.3％、約 52 万 4,000 人）、②台湾（18.3％、約 44 万 9,000 人）、③中国（2.6％、約 6 万 2,000 人）でした。平成期の 30 年間（2018 年（平成 30 年）まで）で、外国人新規入国者数の総数は 11.2 倍に増加しているのに対し、韓国は 14.0 倍、台湾は 9.8 倍、中国は 92.6 倍にそれぞれ増加しています。とりわけ中国籍の新規入国者数の増加が際立っています。
16　出典は法務省『在留外国人統計』及び同『旧登録外国人統計』。

【図6-4】外国人の新規入国者数(国籍・地域別)の推移(上位主要国・地域:1979〜2018年)

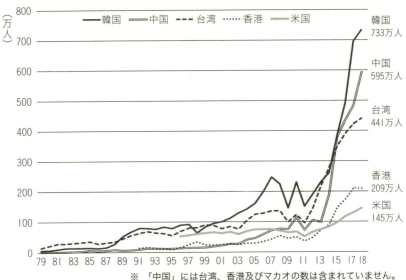

※ 「中国」には台湾、香港及びマカオの数は含まれていません。

(出典:法務省『出入国管理統計』のデータを基に筆者作成。)

　2018年(平成30年)末の時点における在留外国人の国籍別の内訳は、①中国[18](28.0%、約76万5,000人)、②韓国(16.5%、約45万人)、③ベトナム(12.1%、約33万1,000人)、④フィリピン(9.9%、約27万1,000人)、⑤ブラジル(7.4%、20万2,000人)、となっています。中長期的にみると、平成期に入ってから中国、フィリピン、ブラジル等の数及び比率が上昇している一

---

17 2011年(平成23年)以前の数値は、外国人登録法(2012年(平成24年)7月廃止)に基づく外国人登録者数です。同法に基づく外国人登録制度と現在の在留外国人制度は異なるものであり、異なった制度の下での数値の比較は正確ではありません。(※外国人登録者数の方がやや大きな数となります。)したがって、両者の比較はあくまで目安に過ぎません。
18 ここでの「中国」には台湾、香港及びマカオが含まれます。データの出典元である法務省の統計の用語法に従っています。

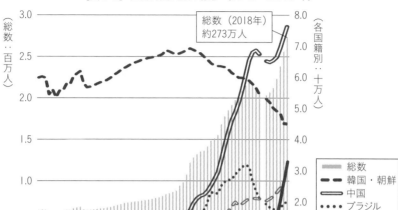

【図6-5】在留外国人数の推移（1947～2018年）

※ 2011年（平成23年）までの値は旧外国人登録法（2012年（平成24年）7月に廃止）に基づく外国人登録者数を掲載。

（出典：法務省『在留外国人統計』及び同『旧登録外国人統計』のデータを基に筆者作成。）

方、韓国・朝鮮の数及び比率は漸減傾向にあります。[19] [20] （※日本の国内における在留外国人の分布については章末のコラムを参照。）

19　1989年（平成元年）の状況をみると、①韓国・朝鮮（69.3％、約68万2,000人）、②中国（14.0％、約13万7,000人）、③フィリピン（4.0％、約3万9,000人）、④アメリカ（3.5％、約3万5,000人）、⑤ブラジル（1.5％、約1万5,000人）でした。平成期の30年間（2018年（平成30年）末まで）で、在留外国人数の総数は2.8倍に増加しています。韓国籍が減少しているのに対し、中国籍は5.6倍、フィリピン籍は7.0倍、ブラジル籍は13.9倍、ベトナム籍は52.4倍にそれぞれ増加しています。中でもベトナム籍の急速な増加は2014年（平成26年）前後から顕著になっています。

20　ブラジル籍の在留外国人の増加の背景には、1990年（平成2年）の入管法改正により、日系ブラジル人、ペルー人等及びその家族（「日系定住外国人」）については、「定住者」等の在留資格により日本国内で自由に就労できることになったことがあると考えられます。こうしたことから、1990年代以降、日系ブラジル人を始めとする日系定住外国人の多くが、主として派遣・請負等の雇用形態で、製造業などに就業しています（内閣府HP「日系定住外国人施策の推進について」）。

(2) モノ、カネの流れ[21]

「モノ、カネの流れ」のグローバル化の状況を示す指標の一つとしては、日本の貿易額の統計があげられます。日本の貿易総額は1965年（昭和40年）には6兆円弱（輸出：約3兆円、輸入：約2兆9,000億円）でした。その後、年によって増減はあるものの、中長期的には増加傾向にあり、2018年（平成30年）には約164兆2,000億円（輸出：約81兆5,000億円、輸入：約82兆7,000億円）に達しています。約50年間で27.4倍に増加したことになります。1989年（平成元年）の約66兆8,000億円と比較しても、平成期の30年間で2.5倍に増加しています。

2017年（平成29年）の貿易総額の相手国別の内訳は、①中国[22]（21.4%、約35兆1,000億円）、②米国（14.9%、約24兆5,000億円）、③韓国（5.7%、約9兆3,000億円）、④台湾（4.7%、約7兆7,000億円）、⑤豪州（4.2%、約6兆9,000億円）となっています。従来は米国が日本にとって最大の貿易相手国でしたが、2007年（平成19年）以降は中国が最大の貿易相手国になっています。[23]

(3) 情報の流れ

「情報の流れ」のグローバル化の状況を示す指標としては、インターネット利用者数と全人口に占める利用者数の比率（インターネット利用率）の統計があげられます。

世界のインターネット利用率及び利用人数の推計値は、1993年（平成4年）の時点ではそれぞれ僅か0.3%（約1,400万人）に過ぎませんでしたが、2014年（平成26年）にはそれぞれ40.4%（約29億2,500万人）にまで上昇し

---

21 出典は財務省『財務省貿易統計』。
22 ここでの「中国」には台湾、香港及びマカオは含まれません。データの出典元である『財務省貿易統計』の用語法に従っています。
23 1998年（平成10年）の貿易総額（約87兆3億円）の相手国別の内訳は、①米国（27.8%、約24兆2,000億円）、②中国（8.6%、約7兆5,000億円）、③台湾（5.4%、約4兆7,000億円）、④ドイツ（4.5%、約3兆9,000億円）、⑤韓国（4.1%、約3兆6,000億円）でした。2018年（平成30年）までの約20年間に貿易総額は約1.9倍に増加しました。対米国の貿易額は大きくは変化していないのに対し、対中国は4.7倍、対韓国は2.6倍、対豪州は2.5倍、対台湾は1.6倍にそれぞれ増加しています。

ました。[24]

　日本の場合のインターネット利用率は、1997年（平成9年）の時点では僅か9.2％（約1,155万人）でしたが、2017年（平成29年）には80.9％まで上昇しました。[25] 20年間で、約9倍の増加です。

3．犯罪のグローバル化の現状

　前記のような、近年のヒト、モノ、カネ及び情報のグローバル化の進展の状況を踏まえ、以下では、犯罪のグローバル化の状況を概観します。

(1)　国外における状況（国外で日本人が犯罪の加害者又は被害者となる場合)[26]
(イ)　日本人が加害者となる場合

　国外において犯罪の加害者として現地当局に検挙され現地の在外公館（日本大使館等）が援護を実施した日本人の数は、1989年（平成元年）には369人であったのに対し、2003年（平成15年）には732人にまで増加しました。ただし、その後は概ね減少傾向にあり、2017年（平成29年）には402人となっています。

　2017年（平成29年）における犯罪形態別の内訳は、不法滞在等の出入国・査証関係犯罪が23.6％と全体の約4分の1を占めています。この他、殺人・暴行・傷害が18.2％、詐欺が12.9％、薬物犯罪が8.2％となっています。また、地域別の内訳は、アジア地域が71.1％、北米地域が18.4％、欧州地域が5.0％となっており、3分の2以上がアジア地域となっています。こうした傾向は近年ほぼ一定しています。

24　Internet Live Status (http://www.internetlivestats.com/internet-users/#trend)
25　出典は『平成23年版 情報通信白書』（186頁）及び『平成30年版 情報通信白書』（236頁）。
26　出典は外務省『海外邦人援護統計』。1994年（平成6年）までの数値は年度（4月-翌年3月）、それ以降の数値は暦年（1月-12月）の数値です。なお、同統計の数はあくまで在外公館外が援護活動を実施した数です。国外における日本人の犯罪加害及び被害の実際の数は更に多いものと推測されます。

近年では、中国等東アジア地域において日本人が薬物密輸等の容疑で検挙され、現地における裁判で死刑判決を受けるような事例もみられます。[27]また、昭和期には、国外において、日本赤軍等日本人の過激派によるテロ事件やハイジャック事件が発生しました。しかし、平成期以降はそうしたテロ、ハイジャック等の事案の発生は確認されていません。[28]

(ロ)　日本人が被害者となる場合
　国外において犯罪の被害者となり在外公館が援護を実施した日本人の数は、1989年（平成元年）には約6,900人であったのに対し、2001年（平成13年）には約9,400人にまで増加しました。ただし、その後は概ね減少傾向にあり、2008年（平成20年）には約6,000人、2017年（平成29年）には約4,700人となっています。
　2017年（平成29年）における犯罪形態別の内訳は、窃盗の被害が86.5%と全体の8割以上を占めています。また、地域別の内訳は、欧州地域が48.0%、アジア地域が26.1%、北米地域が12.4%となっており、この3地域で全体の85%以上を占めています。こうした傾向は近年ほぼ一定しています。
　近年は、国外の日本の権益や日本人がテロの標的となる事例もみられます。2013年（平成25年）1月にはアルジェリアのイナメナスにおいてイスラム過激派による天然ガス精製施設に対する襲撃テロ事件が発生し、犠牲者の中には日本人10人が含まれていました。2016年（平成28年）7月にはバングラデシュのダッカにおいてISIL（「イスラム国」）に関係するとみられるイスラム過激派によるレストラン襲撃事件が発生し、犠牲者の中には日本人7人が含まれていました。2019年（平成31年）4月にはスリランカのコロンボにおいて、ISILに関係するとみられるイスラム過激派によるホテル、教会等に対する襲撃事件が発生し、犠牲者の中には日本人1人

27　2015年（平成27年）7月17日付共同通信。
28　例えば、テルアビブ・ロッド空港事件（1972年（昭和47年）5月）、クアラルンプール事件（1975年（昭和50年）8月）、ダッカ事件（1977年（昭和52年）9月）、ジャカルタ事件（1986年（昭和61年）5月）。

が含まれていました。

(2) 国内における状況
(イ) 外国人が被害者となる犯罪

　グローバル化の中では、日本国内で外国人が被害者となる犯罪への対応も課題となります。外国人が被害者となった刑法犯の認知件数は、2005年（平成17年）には約2万3,000件（全刑法犯認知件数（自然人被害のもの）の1.2%）であり、2017年（平成29年）には約1万8,000件（同2.5%）となっています（警察庁『平成26、27年の犯罪情勢』（98頁）及び『平成29年の刑法犯に関する統計資料』（90頁））。刑法犯認知件数の総数の減少にともない外国人が被害者となる刑法犯の認知件数も減少しています。しかし、全体の中に占める比率は逆に約2倍に上昇しています。

(ロ) 来日外国人が加害者となる犯罪

　日本国内における犯罪のグローバル化の状況を表わす主たる指標としては、来日外国人による犯罪に関する統計があります。[29] 来日外国人とは、「我が国に存在する外国人のうち、いわゆる定着居住者（永住者、永住者の配偶者及び特別永住者）、在日米軍関係者及び在留資格不明者を除いた外国人」を指します。

◎時系列的な変化の状況（図6-6及び図6-7）

　来日外国人による犯罪の数（刑法犯と特別法犯を合わせた犯罪の総数）をみると、1989年（平成元年）には、検挙件数は約5,800件、検挙人員数は約4,600人でした。その後、検挙件数及び検挙人員数ともに増加を続け、検挙件数は2005年（平成17年）に約4万8,000件、検挙人員数は2004年（平成16年）に約2万2,000人にまでそれぞれ達しました。しかしその後は概ね減少傾向にあり、2018年（平成30年）の検挙件数は約1万6,000件、検

29　出典は警察庁『来日外国人犯罪の検挙状況』、『組織犯罪の情勢』、『犯罪統計資料』（各年版）等。

【図 6-6】来日外国人による犯罪（刑法犯と特別法犯の総数）の検挙件数、検挙人員数の推移（1980～2018 年）

（出典：警察庁『組織犯罪の情勢』、『来日外国人犯罪の検挙状況』、『犯罪統計資料』（各年版）等のデータを基に筆者作成。）

挙人員数は約 1 万 1,000 人となっています。1989 年（平成元年）の情況と比較すると、（2004-2005 年のピーク時に比較すれば減少したものの）平成期の 30 年間に検挙件数は 2.9 倍、検挙人員は 2.4 倍にそれぞれ増加しています。

なお、日本人等も含めた刑法犯検挙人員の総数に占める来日外国人の検挙人員数の比率を見ると、昭和期には 1% 未満でしたが、1989 年（平成元年）に 1% を超えました。1992 年（平成 4 年）に 2% を超えて以降は、一時期の例外を除き平成期には概ね毎年 2% 台で推移しています。2017 年（平成 29 年）には 2.8% となっています。[30]

◎国籍等別、犯罪の種類別、発生地域別の状況

---

30 刑法犯の検挙人員数の総数に占める外国人の総人員数（来日外国人にその他の外国人を加えた人員数）の占める比率を見ても、これまでのところ 5% 以下で推移しています。2017 年（平成 29 年）は 4.9% でした（図 6-7 参照）。

【図6-7】刑法犯検挙件数、検挙人員数に占める外国人犯罪の比率（1980〜2017年）

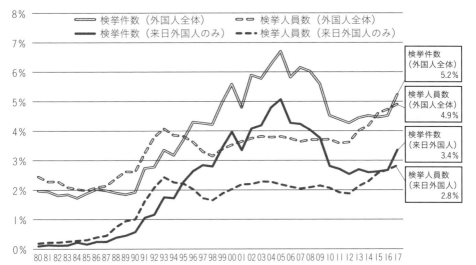

(出典：警察庁『来日外国人犯罪の検挙状況』、『組織犯罪の情勢』、『犯罪統計資料』（各年版）等のデータを基に筆者作成。)

　以下では、2018年（平成30年）中に検挙された来日外国人の犯罪（刑法犯と特別法犯を合わせたもの）を、検挙被疑者の国籍別、犯罪の種類別、犯罪の発生地域別にそれぞれの内訳を概観してみます。

　第一に、検挙人員数の国籍別の内訳は[31]、中国[32]が27.1%、ベトナムが23.5%、フィリピンが7.0%、韓国が4.8%、ブラジルが4.4%となっています（図6-8）。中国を始めとする東アジア諸国と日本の関係の深化等を背景として、東アジア諸国の国籍の被疑者が全体の3分の2以上を占めており、特に中国籍とベトナム籍の比率が高くなっています。時系列的にみても、従前より一貫して中国籍が最も高い比率を占めています。なお、近年はブラジル籍の検挙人数及び比率がやや減少する一方、ベトナム籍の検

31　総数は11,082人（来日外国人の刑法犯の検挙人員数と特別法犯の検挙人員数を合計した総数）。
32　ここでの「中国」には台湾、香港及びマカオの数は含まれていません。データの出典元である警察庁の統計（「来日外国人犯罪の検挙状況」等）の用語法に従っています。

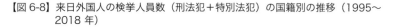

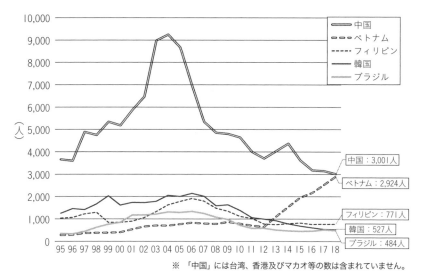

※「中国」には台湾、香港及びマカオ等の数は含まれていません。

(出典:警察庁『組織犯罪の情勢』、『来日外国人犯罪の検挙状況』、『犯罪統計資料』(各年版)等のデータを基に筆者作成。)

挙人数及び比率が急速に上昇しています。

　第二に、検挙人員数の犯罪の種類別の内訳は、窃盗犯が46.1%で最も高い比率を占めており、時系列的にみても従前より一貫して同様の状況が続いています。他方、粗暴犯(暴行、傷害、脅迫、恐喝等)は22.1%、知能犯(詐欺、横領等)は9.8%、凶悪犯(殺人、強盗等)は2.9%、風俗犯は2.6%となっています。[33][34]

　第三に、犯罪の発生地域別は、東京都を含む関東地方が最も多く、同地方のみで来日外国人による刑法反検挙件数の半数以上、関東地方と中部地

---

[33] 検挙件数に基づき手口ごとに最近の傾向を見ると、窃盗犯の中では万引きはベトナム籍、自動車盗はブラジル籍及びロシア籍がそれぞれ多くなっています。また、詐欺及び支払用カード偽造は中国籍及びマレーシア籍が多くなっています。

[34] ちなみに、2018年(平成30)中の凶悪犯の検挙総数(※日本人、外国人によるものを合わせたもの)の中に占める、来日外国人によるものの比率は1.6%です。

方の合計で全体の約80％をそれぞれ占める状態が継続しています。外国人の居住人数が多い地域において、犯罪の発生も多くなっている状況がうかがわれます。

◎来日外国人犯罪の特徴[35]
○組織犯罪性

2018年（平成30年）中の来日外国人による刑法犯の検挙事件のうち、2人組以上による共犯事件の件数は34.2％でした。他方、同年中の日本人による刑法犯の検挙事件のうち共犯事件の件数は10.6％でした。特に4人組以上の共犯に限ってみると、日本人の場合は検挙事件中の1.6％であったのに対し、来日外国人の場合は10.3％でした。このように、来日外国人による犯罪の場合、日本人による犯罪に比較して組織的な犯罪である比率が高くなっており、こうした傾向は近年ほぼ一貫して継続しています。

○分業化、多国籍化、複雑化

来日外国人で構成される**国際犯罪組織**[36]は、一般に、出身国・地域等によって組織化されている例が少なくありません（いわゆる「香港マフィア」、「ロシア・マフィア」等）。他方で近年は、国際犯罪組織の構成員が多国籍化し、あるいは異なる国・地域等の犯罪者や犯罪グループが分業をしつつ共同して組織的な犯罪を行っている場合もみられます。また、犯罪関連場所等が日本国内のみならず海外の複数の国・地域に及ぶ場合もあります。そうした中で、これらの犯罪グループ等が日本の暴力団等と連携している事例もみられます。

例えば、薬物密輸事案においては、違法薬物の生産、輸送、流通、販売等の全体のプロセスが細かく分業化され、各プロセスが異なった犯罪組織

---

35 出典は警察庁『平成30年における組織犯罪の情勢』、『平成27年版 犯罪白書』等。
36 「国際犯罪組織」とは、「外国に本拠を置く犯罪組織、来日外国人犯罪グループその他犯罪を目的とした多人数の集合体で国際的に活動するもの」を言います（『平成27年版 警察白書』、22頁）。

によって担われている場合がみられます。海外における密造及び日本への密輸は外国の犯罪組織が担い、日本国内での流通及び密売は日本の暴力団が担う場合もあります。また、関連する資金や情報の流れに複数の国・地域の金融機関口座、ネットサーバー等が関連している場合もあります。[37]例えば、近年の振り込め詐欺等の事例では、日本の被害者宛に届く詐欺電話やメールの発信元が中国、東南アジア等の外国であったり、指定された金の振り込み金融口座が外国金融機関のものである事例もみられます。

(ハ) 国際テロの脅威[38]

前記のとおり、既に国外においては、アルジェリアにおけるテロ事件（2013年1月）、シリアにおける邦人殺害テロ事件（2015年1月及び2月）、バングラデシュにおけるテロ事件（2016年7月）、スリランカにおけるテロ事件（2018年1月）など、日本の権益や日本人がテロの標的となる事案が発生しています。一方、ISIL（いわゆる「イスラム国」）は、これまでも、動画や機関誌上において日本をテロの標的の一つとして名指しをしています。また、アル・カーイダも、米国及びその同盟国に対する戦いを標榜し続けており、米国と同盟関係にあり在日米軍等の米国権益を国内に抱える日本がテロの標的となる可能性は否定できません。[39]こうしたことから、今後、国外はもとより国内においても、日本人が国際テロ事件の被害に遭う可能性は否定できません。

---

37 こうしたことから、近年は、組織犯罪においては、外国人犯罪と日本人犯罪の区別は曖昧になりつつあるとも考えられます。対策を検討する上でも、従来からの「来日外国人犯罪への対処」という視点に加えて「グローバル化した犯罪空間への対処」という視点も必要となってくると考えられます。前者では主に外国人が対策の対象になりますが、後者では、グローバル化した犯罪空間を悪用する者は全て（日本人も含めて）国籍等とは無関係に対策の対象となり得ます。前記のとおり（※第2章参照）、犯罪対策を検討するに当たっては、加害者、被害者、犯罪空間（犯罪機会）の3つの視点から検討することが効果的と考えられます。近年は、加害者のみならず、犯罪空間（犯罪機会）にも着目した対策が多くなっています。
38 『平成30年版 警察白書』、185頁。
39 在日米軍施設・区域（共用使用施設を含む）の数は全国で131、面積は980,419千㎡。専用の施設・区域の数は全国で78、面積は263,192千㎡（国土面積の0.07%）（2019年（平成31年）1月1日現在、出典は防衛省HP（https://www.mod.go.jp/j/approach/zaibeigun/us_sisetsu/））。

4．政府による対策

　2003年（平成15年）12月に内閣の**犯罪対策閣僚会議**が決定した「**犯罪に強い社会の実現のための行動計画**」では、5つの重点課題のうちの第3項目「国境を越える脅威への対応」が「犯罪のグローバル化」に関連する施策を多く含んでいました。具体的な施策としては、①水際における監視、取締りの推進、②不法入国・不法滞在対策等の推進、③来日外国人犯罪捜査の強化、④外国関係機関との連携強化、が示されていました。

　同行動計画の後継として2008年（平成20年）12月に犯罪対策閣僚会議が決定した「**犯罪に強い社会の実現のための行動計画2008**」においても、7つの重点課題のうちの第3項目「国際化への対応」において、①水際対策、②新たな在留管理制度による不法滞在者等を生まない社会の構築、③多文化共生を可能とする社会基盤の整備、④国際組織犯罪対策、が示されていました。

　更に、2013年（平成25年）12月10日に犯罪対策閣僚会議が「行動計画2008」の後継プログラムとして決定した「**『世界一安全な日本』創造戦略**」においては、7つの戦略項目の中で主に第2項目「オリンピック等を見据えたテロ対策」、第4項目「組織犯罪対策」の中の「国際組織犯罪対策」及び第6項目「外国人と共生できる社会の実現に向けた不法滞在対策」等の中にそれぞれ犯罪のグローバル化に関係する具体的な施策が示されています。[40]

　これらのプログラムは政府全体の包括的な施策であり、警察はもとより、法務省（入国管理局等）、国土交通省（海上保安庁等）、財務省（税関等）、外務省等の関係省庁や地方公共団体等が幅広く連携して実施を目指すものと

---

[40] 同戦略の7つの柱は次のとおりです。①世界最高水準の安全なサイバー空間の構築、②G8サミット、オリンピック等を見据えたテロ対策・カウンターインテリジェンス等、③犯罪の繰り返しを食い止める再犯防止対策の推進、④社会を脅かす組織犯罪への対処、⑤活力ある社会を支える安全・安心の確保、⑥安心して外国人と共生できる社会の実現に向けた不法滞在対策、⑦「世界一安全な日本」創造のための治安基盤の強化。

【図 6-9】犯罪のグローバル化に対する主な施策

	施策の目的	施策の例
未然防止	①犯罪者、テロリスト等の国外から日本への入国の阻止（水際対策）	[出入国管理の強化] （例）外国人の個人識別情報、事前旅客情報システム等の活用、顔認証システムの導入
	②外国人犯罪者、外国人テロリスト等の日本国内での容易な活動、海外渡航等の阻止	[犯罪やテロを未然防止する社会的な環境づくり] （安全・安心まちづくり、官民一体の「日本型テロ対策」） （例）街頭防犯カメラの活用の推進 （例）関係民間事業者、地域社会等との連携の強化 [航空保安の強化] （例）ボディスキャナー装置の導入
	③日本で生活する外国人が犯罪者、テロリスト等になることの阻止	[多文化共生社会の推進] （例）外国人への生活支援（教育、医療、社会保障等）の推進
事後対応	④事件後の捜査を容易にする	[新たな捜査手法の導入] （例）通信傍受の合理化・効率化、いわゆる司法取引制度の導入 仮装身分捜査の導入の検討 [国際協力の強化] （例）国際組織犯罪防止条約の締結 （例）刑事共助条約（協定）、犯罪人引渡条約の締結推進

（出典：筆者作成。）

なっています。これらの施策の中でも一般市民にとって比較的関連の深いと考えられる施策は図 6-9 のように整理ができます。[41]

5．様々な課題
――あなたが当事者ならどう考えますか？

以下では、前記の各種施策のいくつかに関して、それぞれが抱える課題を社会安全政策論の視点から簡単に紹介します。

それぞれの施策には、警察はもとより、その他の関係省庁、地方公共団体、私企業、NPO、個人等様々なアクターが関与しています。加えて、

---

[41] 図 6-9 の諸施策を犯罪学的な視点から見ると、①と②は**環境犯罪学**の視点に基づくものであり、③は**発達的犯罪機会論**の視点に基づくものと言えます。

各施策に関係するアクター間では様々な利害調整が必要となる局面がある様子がうかがえます。具体的には、**安全と権利自由のバランス、人的・金銭的コストの負担**等が課題となる場合が少なくありません。もしも、あなたが当事者、すなわち関係するアクターの一つ（私企業、NPO、個人等）だとしたら、これらの問題についてどのように考えるでしょうか。

(1) 出入国管理の強化

　海外の犯罪者やテロリスト等の日本への入国を未然に阻止するためには、水際対策の一環として港・空港等における出入国管理を強化することが重要です。例えば、2007年（平成19年）11月より個人識別情報を活用した出入国審査が開始され、外国人には入国審査時に指紋及び顔写真の個人識別情報の提供が義務化されています。また、同年2月からは**事前旅客情報システム（APIS）**[42]の本格運用が開始され、各航空会社は旅客や乗務員に関する情報を事前に入国管理局等に提供することが義務付けられています。[43]さらに2017年（平成29年）10月より、国内の一部の空港において、日本人の出入国審査のための**顔認証システム**の運用が開始されました。同システムでは、IC旅券のICチップ内の顔の画像と、空港の出入国審査場の顔認証ゲートで撮影された顔の画像とを照合することによって本人確認が行われます。同システムは、外国人の出入国審査にも導入される見通しです。

　こうした各種の施策は、出入国管理の強化にとって相当の効果が期待されます。他方で、関係する民間事業者（航空会社）や制度を運用する関係機関（入国管理局等）としては、**制度の運用に必要な設備の導入・維持等や人員の確保に要する金銭的コスト等の他**[44]、提供を受けた個人情報を適切

42　Advance Passenger Information System の略。航空機で来日する旅客及び乗員に関する情報と関係省庁が保有する要注意人物等に係る情報との入国前照合を可能とするシステム。
43　「『世界一安全な日本』創造戦略」（46-47頁）でもこれらの制度の有効活用の必要性が指摘されています。
44　民間事業者や政府機関が負担する金銭的コストは、料金や税金として究極的には国民が負担するコストとなる場合もあります。

に保護・管理する責任のコスト等を負うこととなります。[45]

(2) 犯罪やテロを未然防止する社会的な環境づくり、航空保安の強化

　日本に入国した外国人犯罪者やテロリスト等の日本国内での容易な活動を阻止するためには、国内犯罪への対策と同様に、犯罪やテロを未然防止するための社会的な環境づくりが重要です。こうした施策は、一般犯罪の未然防止の観点からは「**安全・安心まちづくり**」、テロの未然防止の観点からは「**官民一体の『日本型テロ対策』**」[46]としてそれぞれ進められています。具体的な施策としては、例えば、**街頭防犯カメラ**の活用、地域社会との連携（防犯ボランティア団体の活動等）、関係民間事業者との連携等があります。他方、こうした施策の導入は、前記のとおり、一般市民、民間事業者、警察等のいずれのアクターにとっても一定のコスト負担が伴います（※第3章及び第4章参照）。

　日本に入国した外国人犯罪者やテロリスト等の航空機を利用した移動や航空機テロ等を阻止するためには、航空保安を強化することが重要です。例えば、2017年（平成29年）3月より、国内の一部の空港の保安検査において、**ボディスキャナー**（搭乗客の衣服等を電波で透視して危険物の持ち込みの有無を確認する装置）の導入が開始されています。こうした設備を活用した施策は既に米国を始め多くの国において実用化がなされています。他方、こうした施策の導入は、搭乗客（一般市民）の視点からは、前記の出入国管理のための諸施策と同様、**個人情報**（身体画像）**の提出義務**というコストを負うこととなります。また、制度を運用する関係機関や航空会社（民間

45　2007年（平成19年）11月19日付朝日新聞。なお、顔認証ゲートで撮影された顔写真については、「本人確認のための照合にのみ用いられ、保存されることはありません」（法務省HP）とされています。（一般に、国の行政機関が取得した個人情報の取扱いは行政機関個人情報保護法に依ることとなります。）

46　テロの未然防止の観点から、警察は、「**警察庁国際テロ対策要綱**」（2015年（平成27年）6月決定）に基づき、公共交通機関等テロの標的とされるおそれのある事業者、爆発物の原料となり得る化学物質を取り扱う販売事業者や学校、テロリストが利用する可能性のある旅館業者やレンタカー業者等に対して各種の協力を呼びかけています。また、テロに対する危機意識の共有やテロ発生時における共同対処体制の整備等を推進するために、民間事業者や地域住民等とともに研修会、訓練、パトロール等を実施しています（『平成28年 警察白書』、26頁）。

事業者）等としても、**設備の導入に要する金銭的コスト**に加え、**提供を受けた個人情報を適切に保護・管理する責任というコスト**を負うこととなります。

(3) 多文化共生社会の実現

日本国内で国際犯罪や国際テロ等を行う外国人の全てが始めから犯罪を行う意図を持って国外から日本に入国してくる者であるとは限りません。日本で生活する外国人が、当初は何ら問題のない生活を送っていたにもかかわらず、何らかのきっかけで犯罪やテロ活動に従事するようになってしまう場合もあり得ます。その要因としては様々な事柄が考えられますが、例えば、景気の悪化や失業等をきっかけとした生活の困窮、学業の不振（少年の場合）等による地域社会からの孤立等があると考えられます。こうしたことから、多文化共生社会実現のための諸施策の一環として、外国人に対する生活支援（教育、医療、社会保障等）を実施することは、日本で生活する外国人が犯罪者やテロリスト等に転落することを未然防止するのに一定の効果があると考えられます。[47]

他方で、こうした諸施策は、国の関係機関（厚生労働省、文部科学省等）のみならず、教育や福祉等を担う地方公共団体、外国人就労者を受け入れている民間事業者、外国人支援に従事しているNPO等に**人的・金銭的コスト**を課すこととなる場合もあります。[48]

(4) 先進的な捜査手法の導入・推進

既に発生してしまった事案を含め個別具体的な事案の捜査活動においては、一般の組織犯罪に対する捜査と同様、通信傍受、会話傍受、仮装身分

---

[47] 「犯罪に強い社会の実現のための行動計画2008」（25頁）においても、こうした施策の必要性が指摘されています。加えて、2018年（平成30年）12月に外国人材の受入れ推進を目的とした入管法改正案が成立したこと（施行は2019年（平成31年）4月）を受けて、同月25日、政府の**外国人材の受入れ・共生に関する関係閣僚会議**において「**外国人材の受入れ・共生のための総合的対応策**」が決定されました。

[48] 地方公共団体等による多文化共生施策については総務省HP「多文化共生の推進」(http://www.soumu.go.jp/menu_seisaku/chiho/02gyosei05_03000060.html) を参照。

捜査、訴追に関する合意制度（いわゆる「司法取引」）等先進的な捜査手法の活用が効果的と考えられます。このうち通信傍受及び訴追に関する合意制度については既に日本でも導入されていますが、諸外国と比較すると必ずしも十分には活用されていないと言えます。また、会話傍受や仮装身分捜査は、諸外国では活用されている例が少なくないのに対し、日本では現時点では導入されていません。[49] こうした先進的捜査手法の導入や利用の拡大に対しては権利自由とのバランス等の観点から慎重な意見もあります（※第8章参照）。

(5) 国際協力の推進

　犯罪のグローバル化に対処するためには、関係する諸外国、国際機関等との協力が重要となります。とりわけ、国同士の法制度の違い等を克服して必要な情報交換、証拠資料や被疑者の引渡し等の協力を可能とする各種の国際的な約束（条約、協定等）は非常に有用と考えられます。[50]

　国際組織犯罪対策に関する国際連合の枠組みでの多国間の条約としては、例えば、**国際組織犯罪防止条約**があります。[51] 同条約は、テロ対策を含む国際組織犯罪対策に当たり、締約国間における逃亡犯罪人の引き渡しや情報交換をスムーズにするなどの様々なメリットがあるものと考えられます。[52] 日本は、同条約を締結するために必要な国内法令の整備等を経て、2017年（平成29年）7月11日に同条約を締結しました（8月10日発効）。[53] 同条約の締結のための国内法令の整備に際しては、組織的犯罪処罰法が改正され、いわゆる**テロ等準備罪**が新設されました。[54] 同条項の新設に対し

49　『平成26年版 警察白書』、36-37頁。
50　「『世界一安全な日本』創造戦略」（35頁）でも、刑事共助条約（協定）、犯罪人引渡条約等の締結に向けた作業の推進が指摘されています。
51　同条約は2003年（平成15年）9月29日に発効し、2018年（平成30年）6月時点の締結国は189の国と地域となっています（外務省HP：http://www.mofa.go.jp/mofaj/gaiko/soshiki/boshi.html）。
52　法務省HP（http://www.moj.go.jp/keiji1/keiji12_00143.html）。
53　「『世界一安全な日本』創造戦略」（34頁）でも、同条約の締結に必要な法整備を早期に完了させ、条約の速やかな締結を目指す旨が指摘されています。
54　テロ等準備罪処罰法案による改正後の組織的犯罪処罰法第6条の2（テロリズム集団その他の組

ては、一般市民の権利自由に及ぼす弊害が過大である（すなわち、一般市民が負担するコストが大きい）として反対する見解があり、国会における法令審議においても様々な議論がなされました。[55][56]

織的犯罪集団による実行準備行為を伴う重大犯罪遂行の計画）。
55 例えば、日本弁護士連合会 HP「日弁連は共謀罪法の廃止を求めます（共謀罪法対策本部）」（https://www.nichibenren.or.jp/activity/criminal/complicity.html）。
56 この他の主な国際的な多国間の協力枠組みの例としては、テロ組織を始めとする国際犯罪組織の資金源対策を主眼とする**「マネーロンダリングに関する金融活動作業部会（FATF: Financial Action Task Force on Money Laundering）」**があります。詳細については警察庁 HP 参照（https://www.npa.go.jp/sosikihanzai/jafic/index.htm）。

【本章のポイント】

◎犯罪のグローバル化はなぜ問題なのか
- 社会のグローバル化そのものは決して悪いことではありません。しかし、国際的な犯罪への対応は、国際的ではない犯罪への対応に比べて、警察を始めとする関係機関等ひいては**国民**に対してより多くのコストを課すこととなります。

◎犯罪のグローバル化の背景
- グローバル化の背景には、近年、ヒト、モノ、カネ（資金）、情報等が国境を越えて大量に移動するようになったことがあると考えられます。
- 日本の場合、近年、特に中国を始めとする東アジア地域との交流が大きく増加しています。

◎犯罪のグローバル化の現状
- 国外において日本人が犯罪の加害者あるいは被害者になる事例が、平成期初期から平成期中盤にかけて増加しました。
- 国内における来日外国人による犯罪も、平成初期から中盤にかけて増加しました。来日外国人犯罪を国籍別で見ると、中国を始め東アジア地域からの外国人による犯罪が高い比率を占めています。
- 来日外国人による犯罪は、日本人による犯罪に比較して**組織性**が高いのが特徴です。近年は、外国人の犯罪組織における**分業化**、**多国籍化**、更には**日本の暴力団との協力**等の動向もみられます。

◎政府による施策
- 2013年（平成25年）12月に政府の犯罪対策閣僚会議が発表した「『世界一安全な日本』創造戦略」の中に、犯罪のグローバル化に対処するための包括的な施策が盛り込まれています。
- 関連する施策として、例えば、出入国管理の強化、犯罪やテロを未然防止する社会的な環境づくり、航空保安の強化、多文化共生社会の実現、先進的な捜査手法の導入・発展、国際協力の推進などがあります。
- とりわけ、多文化共生の問題に関しては、2019年（平成31年）4月からの外国人材の受入れ拡大に伴い、総合的な施策の検討が進められています。

◎課題
- 上記の各施策には、警察、犯罪者はもとより、その他の関係省庁、民間事業者、NPO、地域社会、一般市民等様々なアクターが関与しています。したがって様々な場面において、各施策に関係するアクター間の利害調整（例えば、**安全と権利自由のバランス**、**人的・金銭的コストの負担**等）が課題となります。

Column 日本国内での在留外国人の分布*

本文中で指摘したとおり、2017年（平成29年）末現在の日本における在留外国人の総数は、約256万2,000人となっています。ただし、これらの在留外国人の分布は全国一様ではありません。

◎在留外国人（総数）の分布

2017年（平成29年）末時点の統計を基に、在留外国人の数が多い都道府県、対人口比率の高い都道府県をみると、次表のとおりとなります。

数でみると、全体の20%以上を占める東京都を始め大規模都道府県が上位を占めています。上位5都府県に全体の約54%、上位10都府県に全体の約72%がそれぞれ集中しており、在留外国人が大都市圏に集中している様子がうかがわれます。

一方、各都道府県の総人口に占める対人口比でみると、群馬、三重、岐阜、静岡など、大規模都府県に近い中規模県が上位に登場します。

都道府県別の在留外国人の数（上位10位まで：2017年末）

	人　数（構成比）		人口千人当たり人数
① 東　京	53.8万人 (21.0%)	① 東　京	39.2
② 愛　知	24.3万人 (9.5%)	② 愛　知	32.3
③ 大　阪	22.8万人 (8.9%)	③ 群　馬	28.1
④ 神奈川	20.4万人 (8.0%)	④ 三　重	27.3
⑤ 埼　玉	16.7万人 (6.5%)	⑤ 大　阪	25.9
⑥ 千　葉	14.6万人 (5.7%)	⑥ 岐　阜	25.4
⑦ 兵　庫	10.3万人 (4.1%)	⑦ 千　葉	23.4
⑧ 静　岡	8.6万人 (3.4%)	⑧ 静　岡	23.4
⑨ 福　岡	7.2万人 (2.8%)	⑨ 埼　玉	22.9
⑩ 茨　城	6.3万人 (2.5%)	⑩ 神奈川	22.3
		全国平均	20.2

◎在留外国人（中国籍）の分布

2017年（平成29年）末時点の統計を基に、中国籍の在留外国人の数が多い都道府県、対人口比率の高い都道府県をみると、次表のとおりとなります。

第6章　犯罪のグローバル化

数でみると、全体の4分の1以上を占める東京都を始めやはり大規模都道府県が上位を占めています。上位5都府県に全体の約61％、上位10都府県に全体の約78％がそれぞれ集中しています。特に、東京、神奈川、千葉、埼玉の首都圏への集中度が高い様子がうかがわれます（この4都県で全体の約53％を占めています）。

一方、各都道府県の総人口に占める対人口比でみると、富山のような小規模県も10位以内に登場します。

都道府県別の在留外国人（中国籍）の数（上位10位まで：2017年末）

	人　数（構成比）			人口千人当たり人数
①	東　京	20.5万人　(28.1%)	① 東　京	14.9
②	神奈川	6.7万人　(9.1%)	② 埼　玉	9.0
③	埼　玉	6.6万人　(9.0%)	③ 千　葉	7.9
④	大　阪	6.0万人　(8.2%)	④ 神奈川	7.3
⑤	千　葉	5.0万人　(6.8%)	⑤ 大　阪	6.8
⑥	愛　知	4.8万人　(6.5%)	⑥ 愛　知	6.3
⑦	兵　庫	2.3万人　(3.2%)	⑦ 岐　阜	5.8
⑧	福　岡	2.0万人　(2.8%)	⑧ 京　都	5.5
⑨	京　都	1.4万人　(1.9%)	⑨ 広　島	5.0
⑩	広　島	1.4万人　(1.9%)	⑩ 富　山	4.8
			全国平均	5.8

◎在留外国人（韓国・朝鮮籍）の分布

2017年（平成29年）末時点の統計を基に、韓国・朝鮮籍の在留外国人の数が多い都道府県、対人口比率の高い都道府県をみると、次表のとおりとなります。

数でみると、全体の約5分の1を占める大阪を始めやはり大規模都道府県が上位を占めています。上位5都府県に全体の約65％、上位10都府県に全体の約82％がそれぞれ集中しており、特定都府県への集中度は中国籍よりも高くなっています。また、中国籍の場合は東京を始めとする首都圏への集中度が比較的高かったのに対し、韓国・朝鮮籍の場合は大阪、兵庫、京都等近畿地方への集中度が高い様子がうかがわれます。

都道府県別の在留外国人（韓国・朝鮮籍）の数
（上位10位まで：2017年末）

人　数（構成比）			人口千人当たり人数		
①	大　阪	10.7万人（22.2%）	①	大　阪	12.1
②	東　京	9.8万人（20.4%）	②	京　都	10.1
③	兵　庫	4.3万人（9.0%）	③	兵　庫	7.9
④	愛　知	3.3万人（6.8%）	④	東　京	7.1
⑤	神奈川	3.0万人（6.2%）	⑤	愛　知	4.3
⑥	京　都	2.6万人（5.4%）	⑥	山　口	4.3
⑦	埼　玉	1.7万人（3.6%）	⑦	福　岡	3.3
⑧	福　岡	1.7万人（3.5%）	⑧	滋　賀	3.3
⑨	千　葉	1.6万人（3.4%）	⑨	神奈川	3.2
⑩	広　島	0.9万人（1.8%）	⑩	福　井	3.2
				全国平均	3.5

◎在留外国人（ブラジル籍）の分布

　2017年（平成29年）末時点の統計を基に、ブラジル籍の在留外国人の数が多い都道府県、対人口比率の高い都道府県をみると、次表のとおりとなります。

　数でみると、全体の4分の1以上を占める愛知を始め静岡、三重、岐阜など中京工業地帯に近い地域及び群馬など自動車産業等の比較的盛んな県が上位を占めています。他方、東京、大阪など中国籍、韓国・朝鮮籍の分布では上位に位置していた都府は上位に登場していません。上位5都府県に全体の約63％、上位10都府県に全体の約81％がそれぞれ集中しており、やはり特定府県への集中度が高くなっています。

都道府県別の在留外国人（ブラジル籍）の数
（上位10位まで：2017年末）

人　数（構成比）			人口千人当たり人数		
①	愛　知	5.5万人（28.5%）	①	三　重	7.7
②	静　岡	2.8万人（14.6%）	②	静　岡	7.6
③	三　重	1.4万人（7.3%）	③	愛　知	7.3
④	群　馬	1.2万人（6.5%）	④	群　馬	6.4
⑤	岐　阜	1.1万人（5.6%）	⑤	滋　賀	6.0

⑥	神奈川	0.9万人	(4.6%)	⑥	岐阜	5.3
⑦	滋賀	0.8万人	(4.4%)	⑦	島根	4.6
⑧	埼玉	0.7万人	(3.8%)	⑧	福井	4.6
⑨	茨城	0.6万人	(3.1%)	⑨	山梨	3.3
⑩	長野	0.5万人	(2.7%)	⑩	長野	2.5
					全国平均	1.5

＊ 統計の出典は、在留外国人数が法務省HP、各都道府県の推計人口（毎年10月1日現在）が総務省統計局HP。図表はこれらのデータを基に筆者作成。

□□□ 更に学びたい方のために □□□

【参考文献】
□ 参考書──
・浅川晃広（2019）『知っておきたい入管法─増える外国人と共生できるか』平凡社。

□ 各種統計の出典──
・日本人出国者数：法務省『出入国管理統計』。
　（法務省HP：http://www.moj.go.jp/housei/toukei/toukei_ichiran_nyukan.html）
・海外在留邦人数：外務省『海外在留邦人数調査統計』。
　（外務省HP：https://www.mofa.go.jp/mofaj/toko/page22_000043.html）
・外国人入国者数：法務省『出入国管理統計』。
　（法務省HP：http://www.moj.go.jp/housei/toukei/toukei_ichiran_nyukan.html）
・在留外国人数：法務省『在留外国人統計（旧登録外国人統計）』。
　（法務省HP：http://www.moj.go.jp/housei/toukei/toukei_ichiran_touroku.html）
・貿易額：財務省『財務省貿易統計』。
　（財務省HP：http://www.customs.go.jp/toukei/suii/html/time_latest.htm）
・インターネット利用者数、インターネット利用率：総務省『情報通信白書』。
　（総務省HP：http://www.soumu.go.jp/johotsusintokei/whitepaper/）
・邦人の海外での犯罪被害・加害：外務省『海外邦人援護統計』。
　（外務省HP：https://www.anzen.mofa.go.jp/anzen_info/support.html）
・来日外国人関連の統計：
　警察庁
　『組織犯罪の情勢』。
　（警察庁HP：https://www.npa.go.jp/publications/statistics/kikakubunseki/index.html）
　『来日外国人犯罪の検挙状況』。
　（警察庁HP：https://www.npa.go.jp/publications/statistics/kokusaihanzai/index.html）
　『犯罪統計資料』。
　（警察庁HP：https://www.npa.go.jp/publications/statistics/sousa/statistics.html）

□ 第 7 章
サイバー犯罪等

```
1. はじめに——背景事情            (2) 取締法令等の整備等
2. サイバー犯罪をめぐる状況        4. 様々な課題——あなたが当事者なら
  (1) 概観                              どう考えますか？
  (2) サイバー攻撃                (1) 安全と権利自由のバランス
3. 政府による対策                  (2) コスト負担の問題
  (1) 体制の整備等               【本章のポイント】
```

　近年の情報通信ネットワーク技術等の発展により、インターネットやスマートフォンの利用の一般化など、私たちの生活は大きく変化しつつあります。このような状況は、社会生活やビジネス上のメリットを多くもたらす一方、サイバー犯罪等のデメリットも同時にもたらしています。今後こうした動向に対処して行く上で、一般市民はどのような関わりを持ち、また、その際の課題としてはどのようなことがあるのでしょうか？　本章ではそうした点を検討してみます。

1．はじめに
　　——背景事情

　サイバー犯罪とは、例えば、「高度情報通信ネットワークを利用した犯罪やコンピュータ又は電磁的記録を対象とした犯罪等の情報技術を利用した犯罪」のことを言います（『平成30年版 警察白書』、24頁）。サイバー犯罪

対策は、いわゆるサイバーセキュリティの中の一分野と考えられます。[1]
サイバー犯罪には以下のような特徴があります。

◎対応の困難性

　サイバー犯罪は、それ以外の犯罪に比較して、事前予防、事後捜査等がより困難である場合が少なくありません。理由として主に次の3点が考えられます。第一に、対応に当たって情報通信ネットワークに関する高度な知識、技術力等が要求される場合が少なくありません。[2] 第二に、情報通信ネットワークが急速に発達する一方で、こうしたネットワークの発達を想定していなかった既存の法令等によっては担当行政機関、捜査機関等に十分な権限等が付与されていない場合もあります。第三に、情報通信ネットワークそのものが国際的な広がりを有していることから、対応に際して国際的な連携、協力が必要である場合が少なくありません。前述（※第6章）のとおり、一般に、国境を超える犯罪への対応は、国内で完結する犯罪への対応に比較して様々な困難が伴います。

1 　**サイバーセキュリティ**の定義に関し、サイバーセキュリティ基本法の第2条は「電子的方式、磁気的方式その他人の知覚によっては認識することができない方式（以下この条において「電磁的方式」という。）により記録され、又は発信され、伝送され、若しくは受信される情報の漏えい、滅失又は毀損の防止その他の当該情報の安全管理のために必要な措置並びに情報システム及び情報通信ネットワークの安全性及び信頼性の確保のために必要な措置（情報通信ネットワーク又は電磁的方式で作られた記録に係る記録媒体（以下「電磁的記録媒体」という。）を通じた電子計算機に対する不正な活動による被害の防止のために必要な措置を含む。）が講じられ、その状態が適切に維持管理されていることをいう」と定めています。
　　なお、従来は政府、地方公共団体等において**情報セキュリティ**という用語が多く利用されていました。情報セキュリティは、犯罪行為等の「客体」である「情報」に着眼した概念であるのに対し、サイバーセキュリティは、犯罪行為等の発生する「場所／空間」である「サイバー空間」に着眼した概念です。両者は厳密にはやや異なる概念と考えられます。サイバー空間のセキュリティの重要性が高まっている今日ではサイバーセキュリティとの用語がより定着しているとみられ、両者の差異を議論する実質的な必要性は乏しいとみられます（羽室（2018）、5頁）。

2 　とりわけ、情報通信ネットワークの構造上、実行犯（加害者）の特定が極めて困難である場合が少なくありません（いわゆる**アトリビューション（attribution）**の問題）。そもそも、加害者の姿が他者からは見えにくいことから、犯罪を予防する側（あるいは攻撃を防御する側）が加害者側（あるいは攻撃側）に比べて極めて不利な立場にあるとも言えます（いわゆる**非対称性**の問題）。

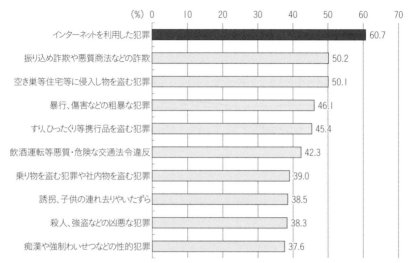

【図7-1】国民が不安に感じる犯罪の種類（2017年（平成29年）9月調査）

問：「自分や身近な人が被害に遭うかもしれないと不安になる犯罪は何か」（複数回答可）

犯罪の種類	(%)
インターネットを利用した犯罪	60.7
振り込め詐欺や悪質商法などの詐欺	50.2
空き巣等住宅等に侵入し物を盗む犯罪	50.1
暴行、傷害などの粗暴な犯罪	46.1
すり、ひったくり等携行品を盗む犯罪	45.4
飲酒運転等悪質・危険な交通法令違反	42.3
乗り物を盗む犯罪や社内物を盗む犯罪	39.0
誘拐、子供の連れ去りやいたずら	38.5
殺人、強盗などの凶悪な犯罪	38.3
痴漢や強制わいせつなどの性的犯罪	37.6

（出典：内閣府「平成29年 治安に関する世論調査」のデータを基に筆者作成。）

◎影響の深刻性

　前記のとおり（※第3章）、近年の刑法犯認知件数は一貫して減少を続けています。その意味では、全般的な犯罪情勢は、平成期の中盤以降、少なくとも統計上は改善傾向にあると言えます。しかし、近年の情報通信ネットワークの利用の急速な拡大（※6章参照）等を背景として、こうした全般的な犯罪情勢とは逆に、近年のサイバー犯罪の検挙件数等は増加傾向にあります。加えて、後述のとおり、サイバー犯罪がもたらす結果は、国家安全保障の観点等から国民の生活や社会経済活動に対して特に深刻な影響を及ぼす可能性を含んでいます。

　安心（体感治安）に与える影響の面からみても、国民の間でサイバー犯罪に対する懸念や関心が高まっています。例えば、2017年（平成29年）9月に内閣府が実施した「治安に関する世論調査」では、「自分や身近な人

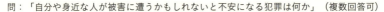

【図 7-2】 国民が不安に感じる犯罪の種類（上位 5 種類：時系列的変化）

問：「自分や身近な人が被害に遭うかもしれないと不安になる犯罪は何か」（複数回答可）

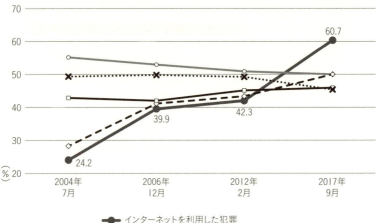

- ●— インターネットを利用した犯罪
- --◇-- 振り込め詐欺や悪質商法などの詐欺
- —○— 空き巣等住宅等に侵入し物を盗む犯罪
- —□— 暴行、傷害などの粗暴な犯罪
- ⋯×⋯ すり、ひったくり等携行品を盗む犯罪

（出典：内閣府「平成 29 年 治安に関する世論調査」のデータを基に筆者作成。）

が被害に遭うかもしれないと不安になる犯罪は何か」との質問に対し、最多の回答は「インターネットを利用した犯罪」でした（図 7-1）。[3]

さらに、図 7-2 のとおり、過去の内閣府による同様の調査の結果との比較からは、インターネット利用犯罪対する不安は、他の種類の犯罪に対する不安と比較しても、近年急激に上昇している様子がうかがわれます。

---

3 出典：内閣府 HP（https://survey.gov-online.go.jp/tokubetu/tindex-h29.html）。

2.サイバー犯罪をめぐる状況

(1) 概観
(イ) サイバー犯罪の3類型
　日本の警察の統計では、サイバー犯罪は以下の3種類の類型に分類されます。

1. 不正アクセス禁止法違反
2. コンピュータ・電磁的記録対象犯罪等
3. ネットワーク利用犯罪

　このうち第1及び第2の類型（「不正アクセス禁止法違反」及び「コンピュータ・電磁的記録対象犯罪等」）は、情報通信ネットワークの発達を想定していなかった従来の法令では適切な対応が困難である場合が多く、近年新たに制定された法令によって犯罪化された行為です。これに対して第3の類型（ネットワーク利用犯罪）は、情報通信ネットワークの登場以前から存在した犯罪を行う手段としてネットワークを利用する行為です。したがって、これらは、従来から存在する法令（例えば、著作権法、刑法上の詐欺罪や名誉毀損罪等）によって処罰されます。

◎不正アクセス禁止法違反
　不正アクセス禁止法は、1999年（平成11年）8月に制定されました（施行は2000年（平成12年）2月、2013年（平成25年）に改正）。同法で処罰の対象とされる行為としては、例えば、他人のID、パスワード等を利用して権限のないネットワークに不正にアクセスする行為等があります。[4]

---
[4] 同法では、不正アクセス行為に加え、次の行為も処罰の対象とされています。①他人のID、パスワード等を不正に取得する行為、②不正アクセス行為を助長する行為（例えば、不正に入手した他人のID、パスワード等をいわゆる「**闇サイト**」等を通じて不正に取引する行為）、③他人のID、

不正アクセスは、その後に別の違法行為が続いて行われる場合も少なくありません。具体的な事例としては、インターネットバンキングでの不正送金等、電子メールの不正閲覧等による情報の不正入手、ネットショッピングでの不正購入、他人になりすましての情報発信、オンラインゲーム・SNSの不正操作、ネットオークションの不正操作、ウエッブサイトの不正改ざん等があります（『平成30年版 警察白書』、123頁）。

◎コンピュータ・電磁的記録対象犯罪等
　不正指令電磁的記録作成等（刑法第168条の2）及び不正指令電磁的記録取得等（同法第168条の3）は、2011年（平成23年）の刑法改正で新たに犯罪化されました。同条項で処罰の対象とされる行為の代表例としては、いわゆる**コンピュータ・ウイルス**の作成、提供、供用、取得、保管行為があります。[5]

◎ネットワーク利用犯罪
　ネットワーク利用犯罪とは、「その実行に不可欠な手段として高度情報通信ネットワークを利用する犯罪」のことを言います（『平成30年版 警察白書』、118頁）。ただし、当該類型に含まれる犯罪は、前記の第1及び第2の類型に含まれる犯罪とは異なり、情報通信ネットワーク社会の発展を背景として近年制定された新たな法令ではなく、従来から存在する法令に基づいて処罰される場合が大半です。
　具体的な事例としては、児童買春・児童ポルノ禁止法違反（例えば、インターネットを利用した、違法な児童ポルノ画像の頒布や児童買春）、著作権法違反（例えば、インターネット上で、著作権者の許可等を得ないまま漫画等を不当に公開す

　　パスワード等を不正に保管する行為、④ID、パスワード等の入力を不正に要求する行為（例えば、金融機関の偽サイトを立ち上げて、当該サイトに誘導するメールを送付するなどのいわゆる**フィッシング**（羽室（2018）、113頁）等）。
[5]　いわゆる**コンピュータ・ウイルス**の他に**ワーム**、**スパイウェア**等を含め「有害、悪質、迷惑なプログラム」を総称して**マルウェア**（「悪意のあるソフトウェア（malicious software）」の意味）という場合もあります（羽室（2018）、78頁）。

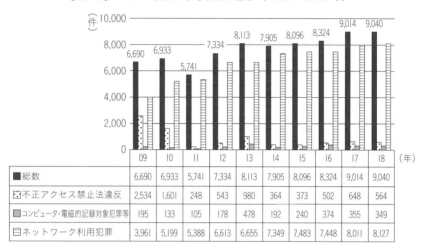

【図7-3】サイバー犯罪の検挙件数の推移（2009〜2018年）

	09	10	11	12	13	14	15	16	17	18
■総数	6,690	6,933	5,741	7,334	8,113	7,905	8,096	8,324	9,014	9,040
⊡不正アクセス禁止法違反	2,534	1,601	248	543	980	364	373	502	648	564
▨コンピュータ・電磁的記録対象犯罪等	195	133	105	178	478	192	240	374	355	349
▤ネットワーク利用犯罪	3,961	5,199	5,388	6,613	6,655	7,349	7,483	7,448	8,011	8,127

（出典：『警察白書』（各年版）及び警察庁「平成30年におけるサイバー空間をめぐる脅威の情勢等について」等のデータを基に筆者作成。）

る行為）、刑法犯（名誉毀損（例えば、インターネット上での違法な誹謗中傷）、詐欺（例えば、ネットオークション詐欺）等）、青少年保護育成条例違反（例えば、いわゆる「コミュニティサイト」を介して少年が被害に遭う犯罪）、ストーカー規制法違反等があります。

　このように、サイバー犯罪には少年が被害者となるものが少なくありません。したがってサイバー犯罪対策は、少年の犯罪被害防止の側面を強く持っています（※第5章参照）。

(ロ)　情勢（図7-3、図7-4及び図7-5）

　図7-3は、近年のサイバー犯罪の検挙件数の推移です。検挙件数の総数は2009年（平成21年）から2018年（平成30年）までの10年間に35.1%増加しています。

　類型別の内訳をみると、2018年（平成30年）の検挙件数の90.0%はネットワーク利用犯罪が占めています。不正アクセス禁止法違反は、2009年

【図 7-4】ネットワーク利用犯罪の検挙件数の推移（2009〜2018 年）

	09	10	11	12	13	14	15	16	17	18
その他	1,570	2,072	2,753	3,264	3,352	3,651	4,058	4,032	4,304	4,407
著作権法違反	188	368	409	472	731	824	593	586	398	691
詐欺	1,280	1,566	899	1,357	956	1,133	951	828	1,084	972
児童買春・児童ポルノ禁止法違反	923	1,193	1,327	1,520	1,616	1,741	1,881	2,002	2,225	2,057

（出典：『警察白書』（各年版）及び警察庁「平成 30 年におけるサイバー空間をめぐる脅威の情勢等について」等のデータを基に筆者作成。）

（平成 21 年）には 37.9% を占めていましたが、2018 年（平成 30 年）には 6.2% となっています。さらに、ネットワーク利用犯罪の内訳をみると（図 7-4）、児童買春・児童ポルノ禁止法違反が全体の 25.3% を占めています。その他、比較的多い罪名としては詐欺罪（12.0%）、著作権法違反（8.5%）があげられます。

図 7-5 は、全国の都道府県警察が受理したサイバー犯罪関連の相談件数の推移です。2009 年（平成 21 年）から 2018 年（平成 30 年）までの 10 年間に 43.8% 増加しています。1999 年（平成 11 年）から 2018 年（平成 30 年）までの約 20 年間でみると 42.6 倍に増加していることとなります。[6]

---

[6] 警察庁が運用しているリアルタイム検知ネットワークシステムが検知したサイバー空間における不審な探索行為等の数も近年増加する傾向にあります（警察庁『平成 30 年におけるサイバー空間をめぐる脅威の情勢等について』）。

【図7-5】都道府県警察が受理したサイバー犯罪関連の相談件数の推移（1999〜2018年）

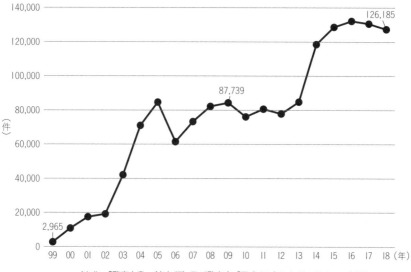

（出典：『警察白書』（各年版）及び警察庁「平成30年におけるサイバー空間をめぐる脅威の情勢等について」等のデータを基に筆者作成。）

(2) サイバー攻撃（サイバーテロ、サイバーインテリジェンス）

(イ) 概念

　サイバー犯罪等の中でも、国家安全保障の観点等から国民の生活や社会経済活動に与える影響が特に深刻であるとみられるものは、サイバーテロやサイバーインテリジェンス（サイバーエスピオナージ）と呼ばれます。[7] 日本の警察等では、こうしたサイバーテロ、サイバーインテリジェンス等を総称して**サイバー攻撃**（Cyber Attacks）と称しています（『平成30年版 警察白書』、118-119頁）。[8]

7　なお、ここで「**サイバーテロ**」という際の「テロ」の概念及び「サイバーインテリジェンス」という際の「インテリジェンス」の概念は、学術上の一般的な「テロリズム」及び「インテリジェンス」の概念定義をめぐる議論を必ずしも十分に踏まえたものではないと考えられます。
8　ただし、一般的には、「国家安全保障、危機管理等の観点から深刻な影響があるか否か」とは必ずしも関係なく、情報通信ネットワーク、情報システム等に対する攻撃や不正な操作等を総称して

サイバーテロとは、「重要インフラの基幹システムに対する電子的攻撃又は重要インフラの基幹システムにおける重大な障害で電子的攻撃による可能性が高いもの」を指します。[9] また、**サイバーインテリジェンス（サイバーエスピオナージ）** とは、「情報通信技術を用いて政府機関や先端技術を有する企業から機密情報を窃取する」ことを目的としているものを指します（『平成30年版 警察白書』、118-119頁）。[10]

　これらの行為は、もたらす影響の深刻さに加えて[11]、背景には高度の技術を有するハッカー集団、外国の国家関連組織等が関与している可能性があり、対策においても一般のサイバー犯罪以上に困難が伴うとみられます。

(ロ)　過去の主な事例

　これまで、内外において発生したサイバーテロ、サイバーインテリジェンス等の主な事案は次のとおりです。

○日本年金機構に対する攻撃

　2015年（平成27年）6月、日本年金機構に対する標的型メール攻撃により、個人情報の一部（約125万件）が外部に流出したことが判明（警察庁『焦点285号 平成27年回顧と展望』、4頁）。

○米国企業等に対する攻撃

サイバー攻撃と呼ぶ場合が少なくないとみられます（羽室（2018）、4頁）。
9　**重要インフラ** とは、「情報通信、金融、航空、鉄道、電力、ガス、政府・行政サービス（地方公共団体を含む。）、医療、水道、物流、化学、クレジット、石油の各分野における社会基盤」を指します。**基盤システム** とは、「国民生活又は社会経済活動に不可欠な役務の安定的な供給、公共の安全の確保等に重要な役割を果たすシステム」を指します（『平成30年版 警察白書』、118頁）。
10　実際には、両者が密接に関係、連動している場合もあると考えられます。例えば、サイバーインテリジェンスを通じて漏洩した機密情報（例えば重要インフラへのアクセス権限情報等）がサイバーテロに利用される場合などが考えられます。
11　2013年（平成25年）12月17日に閣議決定された **国家安全保障戦略** においても、「国家の秘密情報の窃取、基幹的な社会インフラシステムの破壊、軍事システムの妨害を意図したサイバー攻撃等によるリスクが深刻化しつつある。（中略）サイバー空間の防護は、我が国の安全保障を万全とするとの観点から、不可欠である」（8頁）との認識が示されています（内閣官房HP（https://www.cas.go.jp/jp/siryou/131217anzenhoshou/nss-j.pdf））。

2014年（平成26年）5月、米国連邦大陪審は、米国企業に対するサイバー攻撃と機密情報の窃取等の容疑で、中国人民解放軍の将校5人を起訴。[12]

○米国の日本関連企業に対する攻撃
　2014年（平成26年）11月、米国ソニー・ピクチャーズ・エンターテインメントが、不正プログラムによるサイバー攻撃を受け、関係者の個人情報等が窃取されたこと等が判明（警察庁『焦点285号 平成27年回顧と展望』、5頁）。2018年（平成30年）9月、米国司法省は、同事案に関与した容疑等で北朝鮮人が訴追された旨を発表。[13]

○米国連邦政府機関に対する攻撃
　2015年（平成27年）6月、米国連邦政府の人事管理局（OPM）は、サイバー攻撃により政府職員等の個人情報約420万人分が流出した旨を発表。さらに、同年7月、関連する別のサイバー攻撃により政府職員等約2,150万人分の個人情報が流出した旨を発表（警察庁『焦点285号 平成27年回顧と展望』、5頁）。[14]

○米国大統領選挙に関する攻撃
　2017年（平成29年）1月、米国国家情報長官室（ODNI）は、2016年の米国大統領選挙を巡るロシアの動向に関する分析評価を公表し、米国の主要政党関係機関等に対してロシアの情報機関がサイバー攻撃を行った旨を指摘。[15]

12　The U.S. Department of Justice, May 19, 2014, "U.S. Charges Five Chinese Military Hackers for Cyber Espionage Against U.S. Corporations and a Labor Organization For Commercial Advantage."
13　The U.S. Department of Justice, September 6, 2018, "North Korean Regime-Backed Programmer Charged With Conspiracy to Conduct Multiple Cyber Attacks and Intrusions."
14　同年6月、クラッパー米国国家情報長官（DNI）（当時）は、中国の本件への関与の疑いを示唆しました（CNN, June 25, 2015, "Director of National Intelligence blames China for OPM hack."）。
15　Office of Director of National Intelligence, January 6, 2017, "Background to "Assessing Russian Activities and Intentions in Recent US Elections": The Analytic Process and Cyber Incident Attribution."

(ハ) 多様な手法

　サイバーテロ、サイバーインテリジェンス等には多種多彩な手法が利用されています。加えて、こうした手法の巧妙性、複雑性、多様性は急速に進歩しており、対策の困難性の一因ともなっています。最近の主な手法の例は次のとおりです。

◎ DoS 攻撃

　DoS（ドス：Denial of Service）**攻撃**とは、「意図的に異常なアクセス集中状況を発生させることにより、正常なサイトの運営や業務を妨害する攻撃手法」を言います（羽室（2018）、130頁）。例えば、こうした攻撃が電力、運輸等のインフラ関連のシステムに加えられてこれらの業務サービスが麻痺した場合、国民生活に多大な影響が生じる可能性があります。

　DDoS 攻撃（Distributed-DoS 攻撃）は、いわば DoS 攻撃の進化した手法であり、例えば、「攻撃対象のコンピュータに対して、複数のコンピュータから一斉に大量のデータを送信して負荷を掛けるなどして、そのコンピュータによるサービスの提供を不可能にする」ような攻撃を言います（警察庁『焦点287号 平成29年回顧と展望』、8頁）。こうした DDoS 攻撃の際に「踏み台」として利用されるコンピュータ群は、事前にマルウェアに感染するなどして「乗っ取り」（ボット化）[16]にあい、所有者や管理者が気付かないうちに DDoS 攻撃に参加している場合も少なくないとみられます。

◎ 標的型攻撃

　標的型攻撃（Targeted Attack）とは、例えば、「金銭や機密情報の奪取を目的とし、特定の組織やその構成員等にターゲットを絞ってマルウェアが

16　**ボット化**とは、システムがマルウェア等に感染し、システム管理者等が自覚しないうちに、遠隔操作により操られるようになる状態を言います（羽室（2018）、84頁）。「（ボット化した）コンピュータ及びこれらのコンピュータに攻撃者の命令を送信する命令サーバから成るネットワーク」のことを**ボットネット**と言います（『平成29年版 警察白書』、125頁）。本文中に記載のとおり、DDoS 攻撃はボットネットの遠隔操作によって実行されることもあります。

潜むメールを送付する等のサイバー攻撃」を言います。標的型攻撃のものでも「持続的・反復的に行われる攻撃」のことを特に **APT**（Advanced Persistent Threat）**攻撃**と言う場合もあります（羽室（2018）、109 頁）。

標的型攻撃のうち、マルウェア等の送付に電子メールが利用されるものを特に**標的型メール攻撃**と言います。[17] 他方、電子メールを利用するのではなく、「対象組織の職員が頻繁に閲覧するウェブサイトを改ざんし、当該サイトを閲覧したコンピュータに不正プログラムを自動的に感染させる手口」を**水飲み場型攻撃**と言います（警察庁『焦点 285 号 平成 27 年回顧と展望』、3 頁；羽室（2018）、110 頁）。

3．政府による対策

(1) 体制の整備等
(イ) IT 基本法の制定（2000 年（平成 12 年）11 月）等

我が国が、情報通信ネットワーク社会への取組を政府全体で本格的に開始したのは、2000 年（平成 12 年）前後と言われています。同年 11 月に IT 基本法が制定され（2001 年（平成 13 年）1 月施行）、同年 12 月には「IT 基本戦略」が策定されました。さらに、翌 2001 年（平成 13 年）1 月には内閣に IT 戦略本部（高度情報通信ネットワーク社会推進戦略本部）が設置されるともに、「ｅ -Japan 戦略」が策定されました。[18] ただし、当時の諸施策は IT の積極活用の側面が強く、サイバー犯罪対策等を含むサイバーセキュリティの視点は必ずしも多くは含まれていませんでした。[19]

(ロ) NISC の設立（2005 年（平成 17 年）4 月）等

---

17 標的型メール攻撃の中で、「同じ文面や不正プログラムが 10 か所以上に送付されていた」ものを特に**ばらまき型攻撃**と言う場合もあります（警察庁「平成 30 年におけるサイバー空間をめぐる脅威の情勢について」、4 頁）。
18 首相官邸 HP（http://www.kantei.go.jp/jp/singi/it2/enkaku.html）。
19 谷脇（2018）、100-102 頁。

その後、2005年（平成17年）4月、内閣官房に**内閣官房情報セキュリティセンター（NISC）**が設立されました。[20] さらに、同年5月に**情報セキュリティ政策会議**（IT戦略本部の下部組織）が設置されました。こうした動向を契機として、政府全体としてのサイバーセキュリティ関連の施策への取組が本格化することとなりました。[21] 翌2006年（平成18月）2月には、情報セキュリティ政策会議において、情報セキュリティ問題を俯瞰した中長期の戦略として「情報セキュリティ基本計画」が決定されました。[22]

⑷　サイバーセキュリティ基本法の制定（2014年（平成26年）11月）等

　次の大きな転機は、2014年（平成26年）11月の**サイバーセキュリティ基本法**の制定です。背景には、国内外におけるサイバーセキュリティに対する関心の一層の高まりがあるとみられます。同法に基づき、翌2015年（平成27年）1月、内閣に**サイバーセキュリティ戦略本部**が設置されました。同時に、内閣官房情報セキュリティセンターが改組され、内閣官房に**内閣サイバーセキュリティセンター（NISC）**が設置されました。

　さらに、同年9月には、政府の当面のサイバーセキュリティ関連施策の基本的な方向性を示す文書である「**サイバーセキュリティ戦略**」[23] が閣議決定されました。同計画のポイントとしては以下の点があげられます。[24]

① 　**民間企業によるセキュリティ投資の促進**（サイバーセキュリティ対策を費用から投資に位置付ける）[25]

20　2000年（平成12年）2月に内閣官房に情報セキュリティ対策推進室が設置されており、実質的に同室を改組してNISCが設立されました。
21　谷脇（2018）、100-102頁。
22　同計画は、2009年2月に「第二次情報セキュリティ基本計画」に改訂されました。
23　内閣情報セキュリティセンターHP（https://www.nisc.go.jp/active/kihon/pdf/cs-senryaku.pdf）。
24　谷脇（2018）、105-115頁。なお、同計画の内容には、同年5月に発覚した日本年金機構に対するサイバー攻撃事案の教訓が多く反映されていると指摘されています（谷脇（2018）、同）。
25　サイバーセキュリティ基本法においても、国、地方公共団体等の公的アクターのみならず、事業者、国民一人一人等の私的アクターが自発的にサイバーセキュリティの確保に努めるべき旨、こうした多様な主体が相互に連携すべき旨が規定されています（第14条−第16条）。

② 防御能力の強化
③ 国際連携の推進
④ （①～③に共通する横断的事項として）研究開発と人材育成

その後、2018年（平成30年）7月には同計画に代わるものとして新たに「サイバーセキュリティ戦略2018」[26]が閣議決定されました。同計画の内容も、基本的には2015年策定の旧計画で示された方向性を踏襲したものとなっています。[27]

(2) 取締法令等の整備

前記のような体制の整備等と並行し、所要の取締法令の整備も適宜進められています。主なものは以下のとおりです。

- 1987年（昭和62年）：刑法の一部改正：いわゆるコンピュータ関連犯罪の処罰化
- 1999年（平成11年）：不正アクセス禁止法の制定
- 2001年（平成13年）：刑法の一部改正：いわゆるカード犯罪の処罰化
- 2003年（平成15年）：出会い系サイト規制法の制定（2008年（平成20年）改正）
- 2008年（平成20年）：青少年インターネット環境整備法の制定（2017年（平成29年）改正）
- 2011年（平成23年）：刑法の一部改正：いわゆるコンピュータ・ウイルスに関する罪の新設[28]

---

26 内閣情報セキュリティセンターHP（https://www.nisc.go.jp/active/kihon/pdf/cs-senryaku2018.pdf）。
27 谷脇（2018）、115-118頁。
28 あわせて刑事訴訟法の一部改正も行われ、通信履歴（いわゆるログ）の保全要請等サイバー犯罪の捜査に必要な諸手続きの整備等も図られました。なお、これらの改正に当たっては、「コンピュータ・プログラムの自由な創作を委縮させる」、「ネット上の自由な発言を委縮させる」等の批判もあり、関係法案は一部では「ネット監視法案」等とも呼ばれました（法務省HP（http://www.moj.go.jp/content/000073750.htm））。

加えて、2011年（平成23年）の刑法の一部改正により、日本はサイバー犯罪条約への加入に必要な国内法の整備を果たしました。これを受けて、同条約は、我が国については2012年（平成24年）11月1日に効力が発生しました。[29]

4．様々な課題

　──あなたが当事者ならどう考えますか？

(1)　安全と権利自由のバランス

　前記のとおり、サイバーテロ、サイバーインテリジェンス等のサイバー攻撃は、国家安全保障や社会全体の危機管理に深刻な影響を及ぼす深刻性があります。加えて、今後、日常生活の中の多くのモノと情報通信ネットワークが接続されるIoT（Internet of Things）の進展により、サイバーセキュリティの射程範囲は一層拡大するとみられます。[30] ただし、前記のとおり、サイバー犯罪等の手口が一層巧妙化、多様化、国際化する中で、今日の情報通信ネットワークの発達を想定していなかった既存の法令等の枠組みによっては、担当行政機関、捜査機関等に十分な権限等が付与されていない場合もあります。[31] こうしたことから、今後も、ネットワークの安全確保の推進を目的とした所要の関係機関の権限強化、体制強化等の検討が適宜

29　サイバー犯罪条約は、「サイバー犯罪から社会を保護することを目的として、コンピュータ・システムに対する違法なアクセス等一定の行為の犯罪化、コンピュータ・データの迅速な保全等に係る刑事手続の整備、犯罪人引渡し等に関する国際協力等につき規定」しています（外務省HP（https://www.mofa.go.jp/mofaj/gaiko/soshiki/cyber/index.html））。2001年（平成13年）11月8日に欧州評議会閣僚委員会会合において採択され、2004年（平成16年）7月に発効しました。

30　例えば、情報通信ネットワークのセキュリティを確保するためには、いわゆるパーソナル・コンピュータ等のみならず、ネットワークと接続している様々な身の周りの家電用品（例えば、家庭用のルーター、防犯カメラ、テレビ等）のセキュリティまで視野に入れる必要が出てきます。こうしたセキュリティが比較的脆弱な箇所から侵入したマルウェア等によってシステム全体がボット化し、DDoS攻撃につながる可能性もあります。

31　例えば、ボットネット対策等をめぐる実務上の法的問題点等に関して、今村（2018）、星（2018-1; 2018-2）、湯淺（2018）。

進められる可能性があります。

　他方で、こうした諸施策が一般市民の権利自由（個人のプライバシー、表現の自由、通信の秘密等）に与える影響を懸念する見方もあります。例えば、前記のとおり、2011年（平成23年）の刑法の一部改正（コンピュータ・ウイルスに関する罪の新設、通信履歴の保存等に関する手続きの整備等）に対しては、「ネット監視法案」ではないかとの批判がありました。2014年（平成26年）の児童買春・児童ポルノ禁止法の改正（主にネット上での児童ポルノの拡散の防止等を念頭に置いた児童ポルノの単純所持罪の新設）に対しても、捜査機関の恣意的な運用による権利自由の侵害の可能性が指摘されました（※第5章参照）。諸外国においても、ネットワーク上の安全確保を名目とした政府によるモニタリング、利用制限等が権利自由の不当な制限となっていると指摘される事例がみられます。[32]

　加えて、政府機関等のみならず各企業等においてもサイバーセキュリティへの取組の必要性が指摘される中、情報漏えいの防止等を目的とした企業等による社内ネットワークの監督等と社員のプライバシーの在り方等が問題となる場合もあります。[33]

⑵　コスト負担の問題

　情報通信ネットワークの性質にかんがみると、サイバー犯罪対策を含むサイバーセキュリティ対策は、政府のみで実行し得るものではありません。サイバーセキュリティ基本法や「サイバーセキュリティ戦略」（2015、2018）でも指摘されているように、国のみならず地方公共団体、私企業、大学等研究機関、NPO、家庭、個人等の各アクターが積極的、主体的に対策に当たることが期待されています。こうしたことから、各アクターが必要な資金、人員等を如何に確保するか、あるいは、アクター間のコストの配分

---

[32] 例えば、エドワード・スノーデンが暴露した米国の国家安全保障局（NSA）等による情報通信ネットワークを通じた情報収集活動、中国におけるSNSに対する監視活動等。

[33] 例えば、2018年8月13日付日本経済新聞（電子版）「社員メール、AIがみてる　単語や文脈から不正発見」。

を如何に調整するか等が課題となります。

　地方公共団体、私企業等の各アクターは、自身のセキュリティ確保はもとより、ネットワーク利用犯罪等の対策の担い手等として活動している場合（例えば、ネット上の有害情報の監視活動、有害サイトのブロッキングのためのシステムの導入等）には、当該活動に必要な金銭的コスト、人材等の確保も必要となります。地方公共団体、NPO等に対して国から補助金等が交付される場合もあります。

　なお、私企業、個人等が不正アクセス等の攻撃を受けた場合、当該私企業、個人等は第一次的にはサイバー犯罪の被害者となります。しかし、その結果として当該私企業、個人等のシステムがボット化してDDoS攻撃に参画するに至った場合、もしも当該私企業、個人等が一般に通常期待されるレベルのサイバーセキュリティ措置を施していなかったとすれば、「当該私企業、個人等は単に被害者であると言い切れず、加害者でもある」との指摘もあります。こうした立場からは、サイバーセキュリティのための資金、人材等は必ずしもコストではなく、将来に向けて組織価値を高めるための投資であるとの発想の転換が必要である旨が指摘されています（谷脇（2018）、163-167頁）。

【本章のポイント】

◎背景
- サイバー犯罪対策は、いわゆるサイバーセキュリティの中の一分野と考えられます。
- サイバー犯罪は、それ以外の犯罪に比較して、**対応の困難性、影響の深刻性**等の特徴があります。

◎サイバー犯罪等をめぐる状況
- 近年の情報ネットワーク社会の進展にともない、サイバー犯罪の検挙件数等も増加しています。
- とりわけ、国家安全保障の観点等から国民の生活や社会経済活動に与える影響が特に深刻であるとみられる**サイバーテロ、サイバーインテリジェンス**等の**サイバー攻撃**に対する懸念が高まっています。
- サイバーテロ、サイバーインテリジェンス等の**手法の巧妙性、複雑性、多様性**は急速に進歩しています。最近の主な例としては DoS 攻撃、標的型攻撃等があります。

◎政府による総合的な取組
- 政府における体制等の整備は 2000 年頃から開始されました。
- 2014 年（平成 26 年）11 月には**サイバーセキュリティ基本法**が制定され、翌年 9 月には「**サイバーセキュリティ戦略**」が定められました（2018 年（平成 30 年）7 月改訂）。同計画では、当面の諸施策の基本的な方向性として、①民間企業によるセキュリティ投資の促進、②防御能力の強化、③国際連携の推進、④研究開発と人材育成、などが示されています（2018 年（平成 30 年）7 月からは「**サイバーセキュリティ戦略 2018**」）。

◎課題
- 今後、サイバーセキュリティの重要性が一層高まるとみられる中、**安全と権利自由**（個人のプライバシー、表現の自由、通信の秘密等）のバランスが課題となります。
- 加えて、国のみならず地方公共団体、私企業、大学等研究機関、NPO、家庭、個人等の多様なアクターそれぞれ積極的、主体的に対策に当たることが期待される中、**必要な資金、人員等の確保、アクター間のコストの配分の調整**等が課題となります。

□□□ 更に学びたい方のために □□□

【参考文献】
□ 書籍──
谷脇康彦（2018）『サイバーセキュリティ』岩波書店。
羽室英太郎（2018）『サイバーセキュリティ入門 図解×Q&A』慶應義塾大学出版会。

□ 論文──
今村剛（2018）「我が国におけるサイバー犯罪の被害防止対策の現状と課題──ボットネット対策を中心に」、警察大学校編『警察学論集』第71巻第2号、63-82頁。
鎮目征樹（2018）「刑事政策の新動向（第9回）サイバー犯罪」、『法学教室』第459号、109-117頁。
星周一郎（2018-1）「ボットネットのテイクダウン──プロアクティブな対応と法的課題」、警察大学校編『警察学論集』第71巻第2号、88-95頁。
星周一郎（2018-2）「ボットネットのテイクダウンの法的許容性──米国の議論を中心に」、警察大学校編『警察学論集』第71巻第2号、122-151頁。
湯淺墾道（2018）「サイバー犯罪被害防止と情報法制上の課題」、警察大学校編『警察学論集』第71巻第2号、96-116頁。

□ 第8章
警察制度

```
1. 現代の警察制度の特徴        5. 警察に対する国民の信頼
   (1) 民主的な運営の確保      6. 様々な課題——あなたが当事者なら
   (2) 政治的中立性の確保          どう考えますか？
2. 人員規模                  【本章のポイント】
3. 予算規模                  コラム：「警察の正統性」理論と「手続
4. 捜査権限等                    き的公正」理論
```

社会の安全・安心の確保には様々なアクターが関与していますが、公的アクターの中では警察の活動が大きな比重を占めています。本章では現代の日本の警察組織の特徴を概観するとともに、一般市民と警察の関係性や課題について検討してみます。

1. 現代の警察制度の特徴

現在の日本の警察制度は、1954年（昭和29年）に制定された警察法によって定められています。制度の主な性格としては、「**民主的な運営の確保**」と「**政治的中立性の確保**」の2点が指摘できます。こうした現在の制度は、戦前・戦中の警察制度への反省、戦後の日本の国情等を背景として作られたものと考えられます。[1]

---
1 日本の警察は、1874年（明治7年）に当時の内務省に警保寮が設置されて以来、第二次世界大戦の終了まで、中央では内務省警保局、地方では知事によって管理運営されていました（警察庁

(1) 民主的な運営の確保[2]

　日本国憲法第92条は、地方分権をうたっています。これは、戦前・戦中の反省を踏まえ、権限を分散することによってその濫用を防止するとともに（自由主義的要請）、国民（住民）の意思が行政に十分に反映される（民主主義的側面）ことを目的としていると考えられます。こうした考え方に基づき、警察制度においても一定の地方分権化が図られています。加えて、公安委員会制を始め警察の運営に市民の意見が反映されることを目的とした諸制度が採用されています。

(イ) 地方分権（都道府県への分権）

　現在の日本の警察制度は、地方分権の考え方に基づき、警察の執行的な事務は原則として都道府県警察が行うものとされています（警察法第36条）。[3][4] すなわち、都道府県を単位とする**自治体警察制度**が基本となっています。一方、国の警察機関である警察庁等は、警察の制度の企画等に当たるほか一定の事務（例：広域組織犯罪に対処するための警察の態勢、犯罪鑑識、犯罪統計等）に関して都道府県警察に対して指揮監督を行うなど、限られた範囲で都道府県警察に関与することとされています（田村（2015）、447

HP)。このように、明治維新後、戦前・戦中の警察制度は、国家警察を基本としていました（『平成16年版 警察白書』、68頁）。

[2] 警察を含む全ての行政機関の活動は、国会の定める法律、都道府県議会等の定める条例等に基づいて行われます。また、予算についても、国においては内閣が策定して国会の承認を得、都道府県においては知事が策定して議会の承認を受けます。言うまでもなく、国会や都道府県議会は選挙によって選ばれた国民・住民の代表です。したがって、全ての行政機関に対して、活動の根拠となる法令の制定や予算の策定を通じて（少なくとも制度的には）民主的な統制が加えられているのであり、警察もその例外ではありません。

[3] 例えば、大阪府の警察は大阪府警察、神奈川県の警察は神奈川県警察です。ただし、東京都の警察は東京都警察ではなく警視庁と言います（警察法第47条第1項）。また、国の警察機関として例外的に執行的な事務を行う組織として、皇宮警察があります（警察法第29条）。

[4] 地方分権を徹底すると、米国の制度のように市町村レベルの自治体を警察組織の単位とすることも考えられます。実際、終戦直後に制定された旧警察法の下ではではそうした仕組みになっていました。しかし、小規模の警察が乱立し治安維持活動が非効率になる等の弊害もみられたことから、1954年（昭和29年）に制定された新しい警察法では都道府県が警察の構成単位とされました。その意味で、現在の制度は**「警察の民主的運営（地方分権化）」**と**「警察の能率的運営（国の関与）」**のバランスをとっていると言えます（『平成16年版 警察白書』、68-71頁）。

頁)。[5][6]

(ロ) 公安委員会制度（図8-1及び図8-2）

　公安委員会は、市民の代表者たる委員によって構成される合議体の機関です。警察法の規定に基づき、各都道府県には都道府県公安委員会が置かれ、同委員会は都道府県警察を管理しています。また、国のレベルでは内閣総理大臣の所轄の下に国家公安委員会が置かれ、同委員会は警察庁を管理しています。

　なお、この場合の「管理」とは、個別具体の事案に関する指揮監督等を行うことを意味するものではなく[7]、警察組織の「運営の大綱方針」、すなわち「事務の運営の準則その他当該事務を処理するに当たり準拠すべき基本的な方向性又は方法を示すもの」を定めることと解されます（国家公

5　加えて、各都道府県警察のトップである警視総監及び道府県警察本部長並びに都道府県警察の上級幹部に当たる警視正以上の警察官（地方警務官）は、（都道府県警察で勤務しているにもかかわらず）国家公務員として、国の機関である国家公安委員会によって任免されます（警察法第49条第1項、同第50条第1項、同第55条第3項、同第56条）。こうした制度を**地方警務官制度**と言います。また、都道府県警察の経費のうち、一定のものについては国の予算から支弁されます（警察法第37条）。こうした制度を**国庫支弁制度**と言います。これらの制度の背景として、「警察事務に係る国家的な要請に応えるため、都道府県の利害にのみとらわれることなく、国家的視野から警察事務が公正かつ円滑に遂行される必要があること」、「都道府県が行う警察事務のうち、一部は国家的な性格を有する。また、全国的な影響が及ぶ事務に係る経費については、その都道府県にだけ負担させるのが適当ではないと言える」ことなどが指摘されています（田村（2015）、451-460頁）。

　なお、本文中にも記載のとおり、現在の日本の制度が都道府県単位の自治体警察を原則とするのは、戦前・戦中の中央集権型・国家警察型の制度がもたらした弊害への反省があると考えられます。ただし、近年は、警察事象の広域化や国際化の中で、国の警察機関が関与する事務の範囲は拡大する傾向にあります（田村（2015）、447頁）。

6　世界各国の警察制度をみるとその形態は国によって様々です。大別すると、州市町村等の各地方自治体が国の政府から独立した自前の警察を運営している場合（地方分権的・自治体警察型）、国の政府が内務省等を通じて原則として全ての国内の警察を指揮監督している場合（中央集権的・国家警察型）に分かれます。前者の例として米国、後者の例として戦前・戦中の日本があげられます。実際には、多くの国の警察制度は、両者のタイプの間に位置すると考えられます。前記のとおり、現在の日本の制度も、「地方分権（都道府県への分権）」を原則としつつも「国の関与（警察の能率的な運営）」の要素を採り入れ、こうした2つの要素のバランスの上に構築されていると言えます。

7　ただし、警察職員の非違事案（いわゆる不祥事案）に関しては、個別具体的な指示を行うことができるとされています（**監察の指示**）（警察法第12条の2及び第43条の2）。

【図 8-1】国家公安委員会制度の概要

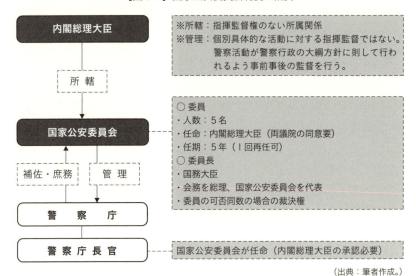

【図 8-2】都道府県公安委員会制度の概要

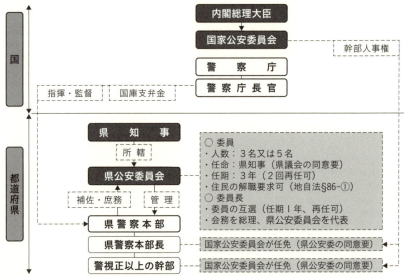

安委員会運営規則第2条)(荻野(2010))。[8]

(八) その他の諸制度(警察署協議会制度、苦情申出制度、情報公開制度等)[9]

　警察法の規定(第53条の2)に基づき、原則として各警察署には**警察署協議会**が設置されています。警察署協議会は、それぞれの警察署の管轄区域内における警察の事務の処理に関して、警察署長の諮問に応じるとともに、警察署長に対して意見を述べることとされています。市民の側からは、警察署の事務に自らの意見を反映させることを可能とする制度と言えます。同時に、警察署長の側からは、市民の意見を聴くとともに、理解と協力を求める場と言えます。協議会の委員は、都道府県の条例の定める手続きに基づき、都道府県公安委員会が委嘱します。実際には、各警察署の管轄区域内の住民、事業者、地方公共団体の関係者等が委員となっています。外国人、学生等が委員となっている例もみられます。

　都道府県警察の職員の職務執行について苦情がある場合には、警察法の規定(第79条)に基づき、都道府県公安委員会に対して**苦情の申立**をすることができます。2017年(平成29年)中には全国で894件の苦情が受理されました(『平成30年版 警察白書』、64頁)。こうした苦情の受理及び処理は、米国等においては、警察を監督する第三者委員会等の主要な業務と位置付けられている場合も少なくありません。[10]

　情報公開制度とは、国や地方公共団体の行政機関が、請求に基づき、保有する行政文書を開示する制度です(例外的に不開示とされる場合もあります)。

8　例えば、国家公安委員会は、国家公安委員会規則として、警察職員の活動等の様々な基準を定めています(例:犯罪捜査規範、通信傍受規則、少年警察活動規則)。各都道府県においては、警察の年間の活動方針(運営重点)等の策定に当たり、公安委員会において審議がなされている場合が少なくありません(田村(2015)、362頁)。また、警察の管理・運用する街頭防犯カメラの設置・運営基準、報告義務等が公安委員会によって定められている場合もあります(例:東京都公安委員会の「街頭防犯カメラシステムに関する規程」(平成14年2月21日:東京都公安委員会規程第1号))。

9　警察署協議会制度及び苦情申出制度は、警察刷新会議の提言に基づき、2000年(平成12年)の警察法改正によって新設されたものです(※本章の5. 参照)。

10　例えば、米国のニューヨーク州ニューヨーク市の市民苦情処理委員会(Civilian Complaint Review Board)。2017年に同委員会が受理した苦情は4,486件(同委員会のHP)。

国の機関については情報公開法によって制度が定められており、各地方公共団体についてもそれぞれの条例によってほぼ同様の制度が定められています。国家公安委員会と警察庁、都道府県公安委員会と都道府県警察はいずれも他の公的機関と同様に、これらの制度に基づいて所要の情報公開を行います。

(2) 政治的中立性の確保

国家公安委員会及び都道府県公安委員会は、内閣総理大臣や都道府県知事の指揮監督を受けることなく、独立して、警察を管理し、その他の権限を行使します。[11] したがって、公安委員会制度は、前記のような「警察の民主的な運営」を確保するのみならず、同時に「警察の政治的中立性の確保」をも目的とした制度と言うことができます。

欧米先進国を始め諸外国においては、内務大臣等の閣僚や地方自治体の首長等が直接に警察組織に対する指揮・監督を行う例が多く(戦前・戦中の日本の警察制度も同様)、日本の公安委員会のように合議制の機関が警察を管理する制度は必ずしも多くありません。その意味で、我が国の制度は、他国以上に、警察の政治的中立の確保が重視されていると言い得ます。この背景には、戦前・戦中に警察の政治化が顕著であったという歴史への反省があるものと考えられます(田村(2015)、353-357頁)。[12]

---

11 現在、日本において、公安委員会と同様の目的・趣旨(政治的中立の確保)で設けられている独立行政委員会としては、公正取引委員会等があります。

12 ただし、国家公安委員会制度において「政治的中立性の確保」を徹底すると、制度上、「内閣の治安責任(国民主権)」が曖昧化する可能性もあります。すなわち、何らかの治安上の問題が生じた場合においても、内閣が主権者たる国民の代表である国会に対して責任を負いかねることになってしまいます。

こうした課題を踏まえ、現在の国家公安委員会制度では、①内閣総理大臣が国家公安委員の任命権を持つこと(警察法第7条第1項)、②警察庁長官及び警視総監の任免に内閣総理大臣の承認を要すること(同条16条第1項及び第49条第1項)、③国家公安委員会委員長には内閣の一員である国務大臣をもって充てること(同条6条第1項)、などが定められています。これらの仕組みは、公安委員会制度の中で、**「政治的中立性」**と**「内閣の治安責任(国民主権)」のバランス**を取ることを目的としたものと考えられます(田村(2015)、355頁)。

2．人員規模（図8-3及び図8-4）

　2018年（平成30年）4月現在の警察の人員規模（定員）は、総員約29万7,000人となっています（図8-3参照）（『警察白書　平成30年版』、208頁）。国内の主要な一般企業、他の中央官庁等と比較しても相当大きな人員規模を擁する組織と言えます。[13]

　内訳は、全職員の97.3％が都道府県警察の職員で、残りが国の組織である警察庁の職員です。また、警察官と一般職員の別でみると、全職員の88.8％が警察官で、残りの11.2％が一般職員です。[14] [15]

　図8-4は、全国の都道府県警察で勤務する地方警察官の定員の数と「警察官1人当たりの負担人口」の1954年度（昭和29年度）以降の推移を示しています。地方警察官の定員は平成期中盤以降に増加が進み、2001年度（平成13年度）以降2018年（平成30年）までの間に約13％増加しています。[16] 一方、日本の警察官1人当たりの負担人口は、昭和期から平成期中

---

[13] 日本の主要な企業グループの2018年（平成30年）3月末日現在の従業員数（連結）は次のとおり（各社のHPより）。トヨタ自動車：約36万9,000人。日立グループ：約30万7,000人。NTTグループ：約28万3,000人。パナソニック：約27万4,000人。また、同じく2018年（平成30年）3月末日現在の防衛省・自衛隊の職員定数は約26万8,000人です（うち自衛官の定員は約24万7,000人、残りは事務官等：出典は防衛省HP）。

[14] 一般職員は、情報通信、鑑識、会計、福利厚生等の事務を担っています。

[15] 各都道府県警察の地方警察官（警視正以上の地方警察官を除く）の定員については、警察法第57条第2項において「地方警察職員の定員（中略）は、条例で定める。この場合において、警察官の定員については、政令で定める基準に従わなければならない」と定められています。すなわち、各都道府県の地方警察官の定数はそれぞれの条例で定められますが（条例定員）、条例定員は政令（注：警察法施行令別表第2に定められています）の定める定員（政令定員）を下回ってはならないとされます。こうした制度は、現在の我が国の警察制度の「地方分権（都道府県への分権）」と国の関与（警察の能率的な運営）のバランス」という思想の下に構築されていると考えられます。

　実際には、2018年4月現在、47都道府県警察の政令定員の合計は25万5,250人であるのに対し、条例定員は25万9,745人となっています。すなわち、条例定員の方が政令定員より約1.8%多くなっています。

　2018年（平成30年）4月現在、47都道府県警察の中で地方警察官の条例定員が最も多いのは警視庁（43,486人）で、最も少ないのは鳥取県警察（1,231人）です。

[16] この時期の地方警察官の大幅な増加の背景として、平成期に入って犯罪情勢の悪化が続き、2001-2002年（平成13-14年）をピークとして刑法犯認知件数や刑法犯検挙率が戦後最悪とな

【図8-3】警察職員の定員(2018年(平成30年)4月現在)

	警察官		一般職員	合計
警察庁	3,076人 (うち896人は皇宮護衛官)		4,826人	7,902人
都道府県警察	260,374人	259,745人	28,426人	288,800人
		629人		
合計	263,450人		33,252人	296,702人

(出典:『平成30年版 警察白書』(208頁)のデータを基に筆者作成。)

※ 都道府県警察職員のうち、地方警務官については政令で定める定員で、その他の職員については各都道府県の条例で定める定員です。
※ 皇宮警察の皇宮護衛官は厳密には警察官とは異なりますが、ここでは便宜上、警察官に含めて集計しています。

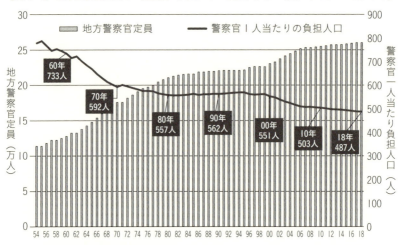

【図8-4】地方警察官定員と「警察官1人当たりの負担人口」の推移(1954~2018年)

※ 政令定員を基に計算したもの。

(出典:各種統計データを基に筆者作成。)
 (地方警察官の定数)
  『警察白書』(各年版)
  総務省統計局(日本の長期統計系列:http://www.stat.go.jp/data/chouki/27.htm)
 (人口推計)総務省統計局(人口推計:http://www.stat.go.jp/data/jinsui/2.htm#annual))

盤頃までは概ね550人から600人前後で推移していました。その後、前記のような地方警察官の大規模な増員にともない、近年は概ね490人前後の水準まで改善されています。[17]

では、現在の日本の警察官の数は他国に比較して多いのでしょうか、あるいは少ないのでしょうか。国連薬物・犯罪事務所（UNODC）が発表している主要国の「人口10万人当たりの警察職員の数」のデータによると、日本の警察官1人当たりの負担人口は米国やカナダとほぼ同じ水準ですが、イタリア、フランス、ドイツ、英国等に比較すると重い負担になっています。当該データを見る限り、日本の警察官の数は西側先進国の中では必ずしも多い方ではないと言い得ます。[18]

3．予算規模（図8-5及び図8-6）

2017年度（平成29年度）の警察の予算の総額は約3兆6,187億円となっています。[19] 内訳は、予算総額の91.7%（3兆3,187億円）が全国の都道府県の警察予算の合計であり、8.3%（3,000億円）が国の組織である警察庁の予

りました。2003年（平成15年）12月に政府の犯罪対策閣僚会議が発表した「犯罪に強い社会の実現のための行動計画」においても、「治安回復のための基盤整備」の一つとして地方警察官等の増員がうたわれています（※第3章参照）。

17 ただし、都道府県ごとの負担の格差は存在します。2018年（平成30年）4月現在、警察官1人当たりの負担人口は、東京（警視庁）が約311人なのに対し、埼玉県は約637人となっています。負担人口が600人を超える県は、埼玉、滋賀、宮城、茨城、長野、静岡の6県に上ります（条例定員ベース）。

18 人口10万人当たりの警察職員の数： イタリア：457人、フランス：333人、ドイツ：304人、イギリス：222人、日本：203人、アメリカ：198人、カナダ：191人（出典：国連薬物・犯罪事務所（UNODC）（https://data.unodc.org/）。※①支援的業務等に従事する者を除く。②数値は2015年（平成27年）のもの。ただし、日本とイギリスは2014年、ドイツは2013年の数値。③イギリスはイングランド、ウエールズのみの数値。）

なお、実際には国ごとに警察官の権限、警察組織の所掌事務等は異なります。したがって、この種の国際比較データは必ずしも正確ではなく、あくまで目安でしかないことに注意する必要があります。

19 ちなみに、2017年度の防衛関連の予算は約5兆1,251億円です。

【図8-5】警察庁予算及び都道府県警察予算の推移(1990〜2017年度)

	90	91	92	93	94	95	96	97	98	99	00	01	02	03	04	05	06	07	08	09	10	11	12	13	14	15	16	17
合計	2.8	3.0	3.2	3.4	3.4	3.7	3.6	3.7	3.8	3.8	3.8	3.7	3.6	3.6	3.6	3.7	3.7	3.7	3.8	3.6	3.6	3.6	3.4	3.5	3.6	3.6	3.6
都道府県警察予算	2.6	2.8	3.0	3.2	3.2	3.3	3.4	3.4	3.5	3.5	3.5	3.4	3.4	3.4	3.4	3.4	3.4	3.4	3.4	3.3	3.3	3.3	3.2	3.3	3.3	3.3	3.3
警察庁予算	0.2	0.2	0.2	0.3	0.2	0.4	0.2	0.3	0.3	0.3	0.3	0.3	0.3	0.3	0.3	0.3	0.3	0.3	0.4	0.3	0.3	0.3	0.3	0.3	0.3	0.3	0.3

(出典:『警察白書』(各年版)のデータを基に筆者作成。)

算です。また、国の予算に占める警察予算の割合は0.3%[20]、全都道府県の予算総額に占める警察予算の割合は6.3%です。[21] なお、国民1人当たりが負担する警察予算の額は約28,000円です(『平成30年版 警察白書』、211頁)。

こうした警察の予算規模、国や都道府県の予算に占める割合、国民1人当たりが負担する警察予算の額等は年々変化しています。しかし、中長期的にみると、平成初期以降の最近約20年はあまり大きくは変化していません(図8-5及び図8-6参照)。

では、警察予算はどのように利用されているのでしょうか。前記のとおり警察予算の総額の約90%は都道府県警察の警察予算です。そして、都道府県警察の予算のうち約80%は人件費となっています。その意味では、警察はいわゆる「マンパワー」に大きく依存した組織であると言えます。

---

20 正確には、国の基礎的財政支出対象経費(一般会計の歳出から国債費及び決算不足補てん繰戻しを除いたもの)に占める警察予算の割合を意味します。
21 正確には、全都道府県の一般会計予算総額に占める警察予算の割合を意味します。

【図 8-6】国民 1 人当たりの警察予算の負担額等の推移（1990 〜 2017 年度）

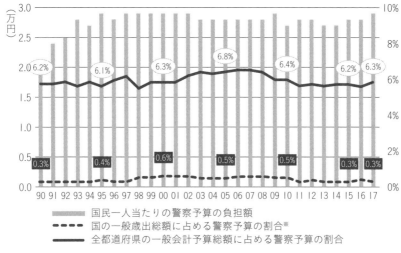

（出典：『警察白書』（各年版）のデータを基に筆者作成。）

4．捜査権限等（図 8-7）

　警察の権限は警察法及び警察官職務執行法を始めとする様々な法令によって定められています。この中には、逮捕の権限や捜索・差押えの権限を始め犯罪の捜査に関する権限も含まれています。世界各国に「警察」と呼ばれる組織は存在しますが、実際には警察に認められている捜査権限は国によって異なります。図 8-7 は、**通信傍受、会話傍受**[22]**、仮装身分捜査**[23] といった先進的な捜査手法に関して日本と欧米各国等の状況を比較したものです（『平成 26 年版 警察白書』、36-37 頁）。これらの捜査手法は、暴

22　**会話傍受**とは「令状を得るなどした上で、捜査対象者が管理する住居等に傍受装置を設置して、捜査対象者の言動を傍受・記録して証拠化する捜査手法」を言います（『平成 26 年版 警察白書』、37 頁）。

【図 8-7】日本と欧米各国等との捜査手法の比較

		日本	英国	米国	ドイツ	フランス	イタリア	豪州
通信傍受	制度の有無	○	○	○	○	○	○	○
	年間令状発布等*（人口10万人当たり）	64（約0.05）	約3,400（約6）	約3,400（約1）	約24,000（約29）	非公表	約127,000（約222）	約4,200（約21）
会話傍受		×	○	○	○	○	○	○
仮装身分捜査		×	○	○	○	○	○	○

※ 2012年中（日本は2013年（平成25年）中、豪州は2012年7月から2013年6月までの間）。

(出典：『平成26年版 警察白書』(36頁) のデータを基に筆者作成。)

力団犯罪、国際組織犯罪等の秘密保持が徹底された犯罪組織への対策等において有用と考えられ、米英等の欧米諸国においては広く認められています。しかし、日本においては極めて限定的にしか認められていないのが現状です。[24]

　こうした中、法務省の法制審議会の「新時代の刑事司法制度特別部会」では、2011年（平成23年）6月より、刑事司法制度の改革に関する検討が実施されました。同部会における検討の結果を受けて、2014年（平成26年）9月、取調べの録音・録画制度の導入、**通信傍受の合理化・効率化、訴追に関する合意制度**[25] **の導入**等を内容とする制度案が答申されました。[26] 当該答申を受けた刑事訴訟法の改正を経て、2018年（平成30年）6月より訴追に関する合意制度の運用が開始されています。ただし、こうした動向に対しては、権利自由保護の観点から懸念を示す見解もあります。[27]

23　**仮装身分捜査**とは「捜査員が仮装の身分を使用して捜査対象者と接触するなどして、情報・証拠の収集を行う捜査手法」を言います（『平成26年版 警察白書』、37頁）。いわゆる「**潜入捜査**」や「**おとり捜査**」に近いものです。

24　日本においても既に通信傍受法に基づき通信傍受を行うことは可能になっています。しかし、欧米各国等に比較して、対象犯罪が限定されていること、通信傍受を行うことができる要件が厳格であること、などの理由により、利用数は少ないのが現状です。

25　**訴追に関する合意制度**とは「捜査・公判協力型協議・合意制度及び刑事免責制度」とも言い、「検察官が必要と認めるときに、被疑者・被告人との間で、被疑者・被告人が他人の犯罪事実を明

5．警察に対する国民の信頼（図8-9及び図8-10）

警察が国民からの支援等を得るためには、国民から十分な信頼を得ていることが重要と考えられます。米英等欧米の民主主義国における各種の学術研究では、警察に対する国民の信頼が低い場合には、国民からの警察に対する協力のレベルも低くなることが明らかにされています（小林（2016））。

図8-9は、議員、官僚、警察等に対する国民の信頼感に関する世論調査の結果の2000年（平成12年）から2017年（平成29年）の推移をまとめたものです。[28] 警察に対する国民の信頼は、2000年（平成12年）以降、中長期的には少しずつ上昇する傾向にある様子がうかがわれます。[29]

らかにするため真実の供述その他の行為をする旨及びその行為が行われる場合には検察官が被疑事件・被告事件について不起訴処分、特定の求刑その他の行為をする旨を合意することができる制度」を言います（『平成27年版 警察白書』、97頁）。いわゆる**「司法取引」**に近いものです。こうした捜査手法は、特に組織犯罪の捜査において、組織の中枢幹部による犯行への関与等を明らかにするため等に有効と考えられます。ただし同時に、下記のとおり（※脚注27参照）、誤審を誘発する危険性がある等との指摘もなされています。

26 法務省HP（http://www.moj.go.jp/shingi1/shingi03500024.html、http://www.moj.go.jp/shingi1/shingi03500012.html）。

27 例えば、「通信傍受の合理化・効率化や訴追に関する合意制度の新設を盛り込んだ刑事訴訟法等の一部改正案に対する日本弁護士連合会の会長声明」（2015年（平成27年）3月18日）（日本弁護士連合会HP：http://www.nichibenren.or.jp/activity/document/statement/year/2015/150318.html））。

28 出典は中央調査社「『議員、官僚、大企業、警察等の信頼感』調査」、2018年3月。

29 近年の信頼感の向上の理由は、学術的には必ずしも十分には検証されてはいません。しかし、推し得る要因としては、近年の犯罪情勢の好転及び2000年（平成12年）以降進められてきた**「警察改革」**の取組があげられます。(1) 前記のとおり、刑法犯認知件数や刑法犯検挙率に示される犯罪情勢は、平成期に入って以降悪化を続け、2001-2002年（平成13-14年）に戦後最悪を記録しました。しかし、その後は好転しています。(2) 1999-2000年（平成11-12年）にかけて警察をめぐる不祥事が続発しました。こうしたことから、2000年（平成12年）3月には国家公安委員会からの求めにより各界の有識者を構成員とする**警察刷新会議**が発足し、同年7月、「**警察刷新に関する緊急提言**」が国家公安委員会に提出されました。同提言を受けて、同年8月、国家公安委員会・警察庁は、警察が当面取り組むべき施策を「**警察改革要綱**」として取りまとめました。同要綱は、①警察行政の透明性の確保と自浄機能の強化、②新たな時代の要請にこたえる警察の構築、③「国民のための警察」の確立、④警察活動を支える人的基盤の強化、を四本柱としています。以降、警察は、同要綱に掲げられた施策をすべて実行に移しています（出典は警察庁HP）。

【図8-8】「警察の信頼感」に関する世論調査（2004〜2017年）

問：「あなたは警察をどの程度信頼できると感じますか？」

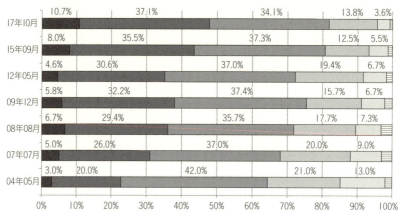

（出典：中央調査社『「議員、官僚、大企業、警察等の信頼感」調査』（2018年3月）のデータを基に筆者作成。）

【図8-9】「議員、官僚、警察等の信頼感」に関する世論調査（2000〜2017年）

問：「あなたは次の各機関をどの程度信頼できると感じますか？」（5「大変信頼できる」、4「信頼できる」、3「どちらとも言えない」、2「信頼できない」、1「ほとんど信頼できない」）

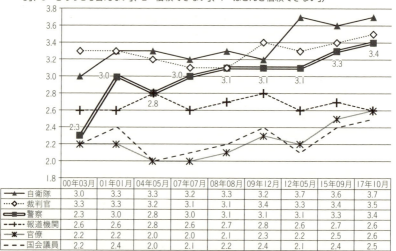

（出典：中央調査社『「議員、官僚、大企業、警察等の信頼感」調査』（2018年3月）のデータを基に筆者作成。）

【図 8-10】「議員、官僚、警察等の信頼感」に関する世論調査——閉鎖的な機関・団体（国民に対する情報公開）

問：「国民に対して閉鎖的で、情報公開が進んでいないと思われるものを、2つまであげて下さい」（以下の6個に加えて、医療機関、大企業、教師、銀行の計10個から選択。）

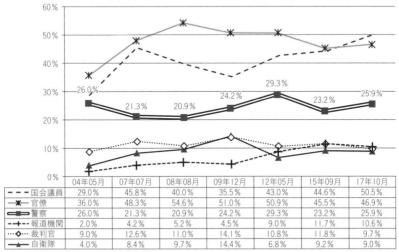

	04年05月	07年07月	08年08月	09年12月	12年05月	15年09月	17年10月
国会議員	29.0%	45.8%	40.0%	35.5%	43.0%	44.6%	50.5%
官僚	36.0%	48.3%	54.6%	51.0%	50.9%	45.5%	46.9%
警察	26.0%	21.3%	20.9%	24.2%	29.3%	23.2%	25.9%
報道機関	2.0%	4.2%	5.2%	4.5%	9.0%	11.7%	10.6%
裁判官	9.0%	12.6%	11.0%	14.1%	10.8%	11.8%	9.7%
自衛隊	4.0%	8.4%	9.7%	14.4%	6.8%	9.2%	9.0%

（出典：中央調査社『「議員、官僚、大企業、警察等の信頼感」調査』（2018年3月）のデータを基に筆者作成。）

　ただし、警察に対する信頼は、自衛隊や裁判官に対する信頼に比べるとほぼ一貫して低い様子もうかがわれます。[30] また、他の世論調査等によると、日本の警察は、他の欧米先進国の警察に比較して、自国民からの信頼度はやや低いとみられます（小林（2012））。[31]

30　例えば、自衛隊や裁判官に比較して、警察の情報公開の在り方の更なる向上に関する国民の期待が高い様子がうかがわれます（図8-10）。
31　日本は欧米等に比較して犯罪情勢が良好であるにもかかわらず警察に対する信頼が低いのはなぜでしょうか。この原因に関しては、学術上必ずしも十分な解明はなされていません。なお、こうした「犯罪情勢の改善と警察に対する信頼のギャップ」に関しては、近年米英等で研究されている**「警察の正統性（Legitimacy Theory）」理論**や**「手続き的公正（Procedural Justice）」理論**に基づく説明も試みられています（小林（2016））（※本章コラム参照）。

6. 様々な課題
――あなたが当事者ならどう考えますか？

◎安全と権利自由の対立

　前記のとおり、通信傍受を始めとする先進的な捜査手法は、日本においては米英等欧米先進国に比べると、限定的にしか認められていないのが現状です。背景として、こうした手法は組織犯罪対策等に有用と考えられる一方で、一般市民の権利自由に及ぼす影響が大きい（すなわち、一般市民が負担するコストが大きい）として導入・推進に対して慎重な見解が一部にあります（前記4.）。とりわけ、こうした慎重論の中には、「警察に強い権限を与えると、こうした権限が濫用される可能性がある」との指摘もみられます。こうした「安全と権利自由のバランス」の問題は、街頭防犯カメラ等の活用（※第3章及び第4章）、犯罪のグローバル化に対応するための国際条約の締結（※第6章）等においてもみられます。

◎社会安全政策論のアプローチ――警察に対する民主的統制の確保

　一方、こうした問題は、「安全と権利自由のどちらを取るか」という単純な二項対立の視点からのみ論じている限り、一般市民にとって望ましい解決策を見出すことは困難になる可能性があります。なぜならば、一般市民としては、安全の確保と権利自由の擁護の両方とも重要な課題であり、単純に二者択一的には判断し難い問題だからです。そこで、社会安全政策論及びガバナンス論の視点からは、警察に対して一定の必要な権限を与えつつ、同時に、警察に対する民主的統制をより効果的に行うことにより「安全と権利自由の双方の両立」を目指すことが考えられます。すなわち、国民の視点からみると、警察に対する民主的統制の諸制度をより効果的に機能させることにより警察に対する信頼が向上すれば、警察に対して強い権限を与えることは比較的容易になると考えられます。なぜならば、警察に対する国民の信頼が高ければ、捜査権限の強化等に対する国民の理解も比較的得られ易くなると考えられるからです（小林（2012；2013；2016））。

前記のとおり（※第4章）、警察に対する国民による民主的統制を可能とする具体的な制度としては、立法的アプローチと行政的アプローチの2種類が考えられます。立法的アプローチとは、国会の定める法律、地方議会の定める条例等の制定を通じて「警察等の行動規範の明確化」を図ることです。一方、行政的アプローチとは、例えば、都道府県公安委員会（警察法第38条–第46条の2）、警察署協議会（警察法第53条の2）、各都道府県の条例等で定められている情報公開制度等の行政的な諸制度を通じて国民が自ら積極的に警察の活動を監督することです。

　例えば、警察が設置・管理する街頭防犯カメラが一般市民のプライバシー等に影響を与えることが危惧される場合、当該カメラの管理・運用基準等を都道府県公安委員会の規則等によって定め、当該公安委員会が管理・運用状況を監督することが考えられます。[32] また、地方公共団体や私人（民間事業者、地域の自治会、個人等）が設置・管理する街頭防犯カメラに関しては、地方議会における条例の制定等を通じて管理・運用基準等（特に、映像データを警察等に提供する場合の基準等）を明確化することが考えられます。[33]

---

[32] 警視庁は、東京都内の繁華街等において街頭防犯カメラ・システムを運用しています。当該カメラ・システムの管理・運用基準等は東京都公安委員会の規程（平成14年2月21日 東京都公安委員会規程第1号）によって定められており、映像データの活用状況等は4半期毎に東京都公安委員会に対して報告されています。

[33] 例えば、東京都杉並区は「防犯カメラの設置及び利用に関する条例」（2004年7月施行）を定めています。

　なお、こうした地方議会の定める「防犯カメラ条例」の規制対象は、「地方公共団体が設置・管理するカメラ」と「私人（民間事業者、地域の自治会、個人等）が設置・管理するカメラ」の両方が含まれる場合もありますが、前者しか含まれない場合もあります。また、地方公共団体が設置・管理するカメラのみを対象とする規範には、条例ではなく地方公共団体の首長（都道府県知事、市長等）の定める規則（地方自治法第15条第1項）や組織の内規である要綱等の形式で定められる場合もあります。この他、私人が設置するカメラに関して、望ましい設置・管理基準等を地方公共団体が「ガイドライン」として示す場合もみられます（星（2017a）；畑中（2015））。

　形態によって民主的統制のレベルは異なるものの、街頭防犯カメラの管理・運用基準等が何らかの形で明示されることにより、警察等がこうしたシステムを利用すること（※設置・管理者である私企業等から映像データ等の提供を受ける場合を含む。）への理解は（こうした基準が何ら明示されていない場合に比較して）得やすくなると考えられます。

◎課題——国民の積極的参加の確保と制度の活性化

　ただし、実際には、公安委員会制度、警察署協議会制度等の警察に対する民主的統制のための諸制度は、必ずしも十分には機能していないとの指摘もあります。この背景には、国民が必ずしもこうした諸制度を十分に認識していない、あるいは十分な関心を持っていないこともあると考えられます（小林（2012））。したがって、これらの諸制度をより効果的に機能させるためには、国民の側においてこれらの諸制度に対する認識や関心を高め、積極的にこれらの制度の運用に関与する姿勢を持つことも求められます。[34] こうした活動は、国民の立場から見ると「制度の運用のために自らの時間や労力を消費する」という意味でのコスト負担を負うことを意味します。

　前記のとおり（※第4章）、国民自身が主体的な参画意識を持たなければ、社会安全政策論の議論は「絵に描いた餅」に終わってしまう可能性もあります。その意味で、国民一人一人が民主主義リテラシーを高めることが、社会安全政策論の分析枠組みを上手く機能させるためのポイントとなります。

34　前記のとおり、そもそも警察の活動は、国会の定める法律、都道府県議会の定める条例等に基づいて行われます。また、警察の予算は、国においては内閣が策定して国会の承認を得、都道府県においては知事が策定して議会の承認を得て成立します。したがって、国会や地方議会における警察関連の法令や予算の審議の動向に対して国民自身が関心を払うことも、民主的な統制の重要な形態の一つと言えます。

【本章のポイント】

◎基本的な性格
- 現在の日本の警察制度の主な性格としては、「民主的な運営の確保」と「政治的中立性の確保」の2点が指摘できます。自治体警察制度を基本とした**地方分権**的な制度、**公安委員会制度**の採用等はこうした目的を達成するためのものです。
- これらの諸制度は、戦前・戦中の警察制度への反省、戦後の日本の国情等を背景として作られたものと考えられます。

◎人員規模
- 現在の日本の警察の人員規模は、国と都道府県をあわせて約30万人です。国内の主要な一般企業等と比較しても相当大きな組織と言えます。ただし、警察官1人当たりの負担人口は概ね490人前後であり、米英等の欧米諸国に比較すると、警察官の数は必ずしも多い訳ではありません。

◎捜査権限等
- 通信傍受、会話傍受、仮装身分捜査等の先進的な捜査手法については、米英等の欧米諸国においては広く認められている場合が多いのに対し、日本においては極めて限定的にしか認められていません。

◎警察に対する国民の信頼
- 日本の警察に対する国民の信頼は、2000年代初頭以降、中長期的には少しずつ上昇する傾向にあります。
- ただし、自衛隊や裁判官に対する信頼に比べると低いレベルに止まっています。また、他の欧米先進国の警察に比較して、自国民からの信頼度はやや低いとみられます。

◎課題：捜査権限の強化と警察に対する民主的統制の確保
- 社会安全政策論の視点では、「安全と権利自由のバランス」が問題となる局面において、警察に対して一定の必要な権限を与えつつ、同時に、警察に対する民主的統制をより効果的に行うことにより双方の両立を図ることが考えられます。
- ただし、公安委員会制度等の警察に対する民主的統制のための諸制度は、必ずしも十分には機能していないとの指摘もあります。これらの諸制度をより効果的に機能させるためには、国民の側においてこれらの諸制度に対する認識や関心を高め、積極的にこれらの制度の運用に積極的に関与する姿勢を持つことも求められます。

Column 「警察の正統性」理論と「手続き的公正」理論[*1]

◎「警察の正統性」理論の意義

「警察の正統性（Police Legitimacy）」理論とは、1990年代以降、米国の社会心理学者のテイラー（Tom R. Tyler）等によって提唱されている理論です。[*2] そのポイントは、次のとおりです。

- 市民は、「警察の活動に『正統性』がある」と認識する場合には、より積極的に警察に協力し、法令を遵守する。
- したがって、警察が「正統性」を有する場合、警察は犯罪対策等の諸活動をより効果的に実施し得る。
- 逆に、警察が「正統性」を欠く場合、警察に対する市民の協力や市民の遵法意識に悪影響が生じ、警察活動に支障が生じる。

この場合の「正統性（legitimacy）」とは、「ある組織・機関の存在と権限行使を容認する市民の意思」と定義され、「正しさ」を意味する「正当性（correctness）」とは異なります。したがって、「警察に正統性がある」状況とは、「警察が適切かつ効果的に機能し、市民からの支持を得られている状況」と定義し得えます。換言すると、「警察の活動が市民から理解、信頼及び支持を得ている場合にのみ、警察は正統性を持つ」と言い得ます。

◎背景

現実社会では、たとえ警察の活動が合法的かつ効果的になされているとしても、警察に対する一般市民の協力姿勢が必ずしも積極的ではない場合があり得ます。とりわけ米国では、1990年代以降、**「犯罪情勢は改善しているにもかかわらず、一般市民の警察に対する信頼が改善せず、十分な協力が得られない」**との状況がみられています。正統性の理論は、こうした状況を合理的に説明することを目的として発達してきたと考えられます。

◎「警察の正統性」の構成要素

「警察の正統性」の構成要素、すなわち、「警察が正統性を有するか否か」を一般市民が評価する基準としては、以下の4点が指摘されています。[*3]

1 合法性（Legality）：警察の活動が法令に照らして合法的であること。
2 成果・業績（Performance / Effectiveness）：警察の任務（安全の確保等）に関する客観的な業績（犯罪の抑止、犯罪の検挙等）が十分に達成されていること。
3 分配的公正（Distributive Justice）：警察のサービスや資源が、受益者である市民の間で公平に分配されていること。[*4]
4 手続き的公正（Procedural Justice）」：警察の権限行使が公平、公正、中立（fair, just and neutral）に行われていること。

◎「手続き的公正（Procedural Justice）」理論

前記のとおり、警察活動の「手続き的公正」とは、「警察の権限行使が公平、公正、中立に行われること」と定義されます。[*5]

「手続き的公正」の構成要素、すなわち、「警察の活動は手続き的に公正であるか否か」を一般市民が評価する基準としては、以下の4点が指摘されています。

- 市民の参画（Citizen Participation）」：警察の政策決定の過程に可能な限り幅広く地域住民の参画を得てその意見を反映させること。[*6]
- 中立性（Perceived Neutrality）：警察における政策決定を始めとする各種の意思決定等が中立的になされていること。
- 尊厳と尊敬（Dignity and Respect）：主に市民応接の現場における警察官の言動等が、相手（市民）に対して適切な敬意を払ったものであること。[*7]
- 動機の信頼性（Trustworthy Motives）：警察の各種の意思決定や活動の背景にある動機に信頼性があること。[*8]

◎「割れ窓」理論及びゼロ・トレランス（不寛容）政策との関係

- 「警察の正統性」理論及び「手続き的公正」理論に基づく警察運営は、いわゆる「割れ窓」理論やゼロ・トレランス（不寛容）政策との対比で議論される場合が少なくありません。
- 「割れ窓」理論とは、「軽微な法令違反や無秩序状態（例えば、壁の落書き、駐車場の放置自転車、公園のゴミ箱の乱れ等）の放置が、より大規模な治安の悪化につながる」と主張する理論です。犯罪機会論や環境犯罪学の視点と結び付いて主張される場合が少なくありません（※第2章コラム参照）。他方、ゼロ・トレランス政策とは、「軽微な法令違反を見逃さずに厳しく取り締

まる」という法執行の在り方に関する政策であり、「割れ窓」理論が同政策の理論的な柱となっているとされます。[*9]
- 法治国家において、「違法行為を看過しない」というゼロ・トレランス政策の考え方は必ずしも誤りではないと考えられます。ただし、同政策は、その実行過程おいて、実際に厳しい取締りを受けた市民の側に「警察の活動は不公平・不公正なのではないか」との不満や疑念を生じさせるリスクも高いと考えられます。加えて、こうした警察活動に関する透明性や説明責任（アカウンタビリティ）のレベルが低い場合には、なおさらこうした不満や疑念は蓄積し易いと考えられます。[*10]
- これらの諸理論にはそれぞれに一定の合理性があり、必ずしも「一方が完全に正しく他方が完全に誤っている」というものではないと考えられます。ただし、「割れ窓」理論及びゼロ・トレランス政策が発展した時代（概ね1980年代－90年代）は、米国の主な大都市において凶悪犯罪が多発し、かかる状況に対して安全を確保することが第一義的に重視されていた時代でした。これに対し、「警察の正統性」理論及び「手続き的公正」理論は、1990年代後半から最近にかけての「犯罪情勢は改善している一方で、市民の警察に対する信頼が改善しない」という社会情勢を背景として構築されてきた理論です。このように、両者は異なる時代の異なる社会情勢を背景としてそれぞれ発展したものである点に留意する必要があると考えられます。[*11]

*1 出典：小林（2016）。
*2 米英を始めとする諸外国と日本とでは、警察制度のみならずその背景にある社会的、文化的、政治的状況等が大きく異なります。したがって、諸外国におけるこうした議論の全てが直ちに日本において妥当性を有する訳ではないと考えられます。しかし、「民主主義制度の下における警察」という点においては日本の警察制度も同様の理念を共有しています。その意味で、こうした議論を参照することは、日本の警察の在り方を考える上でも一定の参考になり得ると考えられます。
*3 仮に警察の活動が基準1及び2を満たしている、すなわち警察活動が合法的でありかつ犯罪対策の成果・業績があがっているとしても、基準3「分配的公正」あるいは基準4「手続き的公正」が十分に満たされていなければ、市民は「警察の活動に正統性がある」とは評価しないと考えられます。
*4 例えば、地域社会の多様性を適正に反映していない一部の偏ったグループ（人種、性別、職業等）に対してのみ優先的に警察行政のサービスや資源が提供されている場合には、「分配的正義」が実現されていないと住民から評価されると考えられます。米国においては、英

語を十分に理解しない住民が非常に多い地区であるにもかかわらず、「法令で定められた公用語は英語である」という理由に基づき英語によってのみしか警察行政が提供されていない場合、「そうした警察の活動は『合法的』ではあっても『分配的正義』が実現されていない」と住民から評価されると考えられます。

*5 前記のとおり、「手続き的公正」は「警察の正統性」を評価する基準の一つと考えられます。テイラー等による「警察の正統性」に関する各種の先行研究の多くは、正統性を評価する4個の基準の中でも「手続き的公正」は「業績」を始めとする他の基準以上に重要であると考えられています。すなわち、市民が「警察の活動に正統性があるか否か」を判断する際には、「犯罪対策(犯罪の抑止、検挙等)に成果があがっているか」よりも「警察の権限行使が公平、公正、中立に行われているか否か」の点に関する認識の方がより大きな影響を持つと考えられています。言い替えると、警察が市民との関係において自己の正統性を高めようとする場合、犯罪の抑止や検挙等の「成果・業績」の面のみならず、「手続き的公正」の面において市民から高い評価を得ることがより重要であると考えられます。

*6 例えば、警察における政策立案や決定の際にパブリック・コメントの募集を実施すること、地域住民と警察との間で対話集会を行うこと等は、こうした範疇の活動に含まれると考えられる。さらに、情報公開や説明責任(アカウンタビリティ)の向上等も、「市民の参画」の推進に資するものと考えられます。

*7 例えば、自動車検問、職務質問等の際における警察官の乱暴な言動や不遜な態度等は、たとえそうした職務執行が適法だとしても、「手続きの公正性」と「警察の正統性」に関する当該市民の判断に甚大な悪影響を及ぼすと解されます。

*8 例えば、ある政策決定の動機が、地域社会の利益よりも警察組織(あるいは警察内部の特定の個人やグループ等)の利益のためであるとすれば、「信頼性のおける動機」を欠き、「手続き的公正」を欠くものと評価される。ちなみに、米国の一部の警察においては、自治体の財源確保を主たる目的として、警察官の交通取締り等のノルマが設定されている場合があり、こうした施策は「公正」を欠くと評価されます。

*9 「割れ窓」理論は「犯罪の発生しやすい環境」の在り方に着眼した理論です。他方、「ゼロ・トレランス(不寛容)政策」は法執行の在り方に関する施策です。したがって、両者は必ずしも同一のものではありません。

*10 特に米国のように社会に根深い人種間対立が存在し、マイノリティ側の被差別意識が強い場合には一層そうした傾向が強いと考えられます。環境犯罪学や「割れ窓」理論の論者の中には、こうしたリスクに配慮して、「軽微な法令違反や無秩序状態を看過しない」という環境づくりは、警察が前面に立って行うべきではなく、地域住民のボランティア活動等によって実現されるべきとの主張もみられます。

*11 「割れ窓」理論に関しては、近年、その効果や有効性を疑問視する見方もあります(※第2章コラム参照)。

◻︎◻︎◻︎ 更に学びたい方のために ◻︎◻︎◻︎

【参考文献】
□ 参考書──
・国家公安委員会・警察庁『警察白書』(各年版)。
 (※平成16年版第2章第1節は「現行警察制度の誕生と変遷」をまとめています。)
・田村正博 (2015)『全訂 警察行政法解説 (第2版)』、東京法令出版。

□ 論文等──
・荻野徹 (2010)「国家公安委員会による警察庁の『管理』について」、日本公共政策学会編『公共政策研究』第9号、120-132頁。
・小林良樹 (2012)「都道府県公安委員会に対する苦情申出制度について──『警察に対する国民の信頼の改善方策』の観点からの一考察」、日本犯罪社会学会編『犯罪社会学研究』第37号、121-135頁。
・小林良樹 (2013)「『警察に対する国民の信頼』に関する理論的考察」、警察大学校編『警察学論集』第66巻第6号、1-25頁。
・小林良樹 (2016)「『警察の正統性』理論と『手続き的公正』理論」、警察政策学会編『警察政策』第18巻、76-94頁。
・畑中頼親 (2016)「地方自治体による防犯カメラの管理に関する考察」、せたがや自治政策研究所編『都市社会研究』第8号、93-113頁。
・星周一郎 (2017a)「街頭設置カメラの高機能化・生体認証機能と個人情報該当性──改正個人情報保護法と防犯カメラ条例の意義」、首都大学東京法学部編『法学会雑誌』第57号第2巻、211-243頁。
・星周一郎 (2017b)「防犯カメラ・ドライブレコーダー等による撮影の許容性と犯罪捜査・刑事司法における適法性の判断」、警察大学校編『警察学論集』第70巻第11号、46-69頁。
・星周一郎 (2019)「ビッグデータ・ポリシングは何をもたらすか？──ICT・AI技術を活用した警察活動に関する議論の展開に向けて」、首都大学東京法学部編『法学会雑誌』第59号第2巻、45-67頁。

□ 第 9 章
新たな課題——犯罪被害者等支援、再犯防止

```
1．犯罪被害者等支援            ⑴ 背景・経緯
  ⑴ 背景・経緯                 ⑵ 政府による対策
  ⑵ 犯罪被害の内容             ⑶ 様々な課題——あなたが当事者な
  ⑶ 政府による対策                らどう考えますか？
  ⑷ 様々な課題——あなたが当事者な  【本章のポイント】
     らどう考えますか？          コラム：加害者家族等をめぐる問題
2．犯罪者の再犯防止
```

　本章では、犯罪学における比較的新しい課題の中で、被害者等支援及び再犯防止を簡単に取り上げます。いずれの課題も、関係するアクターが複数にわたり相互の利害調整等が容易ではなく、社会安全政策論の視点から分析・検討を加えることが有用である課題と考えられます。

1．犯罪被害者等支援

⑴　背景・経緯

　従来、欧米等における刑事司法制度、犯罪に関する政策や学術研究等の主な対象は、加害者、すなわち犯罪者（あるいは彼らを取り巻く環境等）でした。[1] しかし、概ね 20 世紀中盤以降、主に「犯罪の被害者を作り出さないためにはどうすればよいか」、すなわち犯罪予防の観点から、加害者のみならず被害者に対しても政策や学術研究の関心が向けられるようになって

きました（※2章参照）。さらに、概ね1960年代以降、こうした犯罪予防（すなわち事前対応）の観点のみならず、犯罪の被害者等[2]が被ってしまった損害の負担軽減（すなわち事後対応）等の観点からも、被害者等に関する各種の施策、学術研究等がすすめられるようになってきました。こうした分野の学術研究は**犯罪被害者学**といわれる場合もあります。[3]

　日本においても、近年、犯罪被害者等支援は、犯罪の事前予防、犯罪の事後の取締り等と並び、犯罪に関する政策及び学術研究上の主要な一分野となっています。1990年（平成2年）には日本でも日本被害者学会が設立されています。[4]

　犯罪被害者等支援の根底には、犯罪被害者等が直面する様々な損失（(2)参照）を被害者等にのみに負担させることは「社会正義」に反するという考え方があると言えます。すなわち、「（犯罪により）重大な被害を被った人の権利利益を法的に保護し、人権侵害による苦痛に配慮してその軽減・緩和を図り、犯罪被害者の社会復帰を支えるものであり、よって、刑事司法

1　従来、刑事司法制度等に関する政策、学術研究上の主な論点は、「国家権力による権利侵害から被疑者を守ること」であり、その結果、被害者等は刑事手続きにおいて忘れ去られ、「置き去り」にされていた（いわゆる「単なる証拠品扱い」）とも指摘されています。政府が2005年（平成17年）12月に策定した犯罪被害者等基本計画でも、「捜査や刑事裁判等は、加害者及び弁護士と、警察、検察、裁判所のみを主体として行われ、犯罪被害者等に認められた権利は貧弱であり、十分な情報も与えられず疎外され、証拠として扱われているに過ぎないという批判があ（る）」旨を指摘しています。

2　犯罪被害者等基本法（2004年（平成16年）成立）の第2条第1項及び第2項は、「**犯罪被害者等**」の定義を「犯罪等（犯罪及びこれに準ずる心身に有害な影響を及ぼす行為）により害を被った者及びその家族又は遺族をいう」と定めています。

3　欧米等では、概ね1960年代から犯罪被害者等に対する政府による経済的補償制度等が設立され、1970年代には民間団体等による様々な支援制度等が発展しました。1990年代以降は、犯罪被害者等に対して刑事手続き上の一定の権利等を付与する法制度等の整備が進められています。1979年には世界被害者学会が設立され、1985年には第7回国連犯罪防止会議において「犯罪及び権力濫用の被害者のための司法の基本原則に関する宣言（被害者人権宣言）」が採択されました（守山・安部（2017）、121頁）。

4　こうした動向は、犯罪に関する政策及び学術研究の対象が犯罪加害者から被害者まで拡大してきたことに加え、国、警察等の活動に対する国民の意識の変化（すなわち、ストーカー対策、ドメスティック・バイオレンス（DV）対策等にみられるように、国民の権利自由の確保のため、国、警察等によるより積極的な活動を期待する国民の意識の高まり）（※第3章及び第4章参照）とも関連していると考えられます。

を含む法秩序に対する国民の信頼を確保するものである」(大谷 (2009)、335頁) との考え方です。[5]

(2) 犯罪被害の内容

犯罪被害者支援の対象となる「犯罪被害」の具体的な内容としては、以下のようなものが考えられます。

① 経済的負担 (例：医療費支出、収入の低下等)
② 精神的苦痛
  (a) 犯罪自体によって直接生じるもの (例：犯罪そのものから被る精神的苦痛、事後のPTSD発症等)
  (b) 刑事手続きにおける関係機関等による不適切な対応等によって生じるもの (例：関係機関間の「たらいまわし」や何度も事情聴取されることなど配慮を欠く行為によって生じる精神的苦痛、司法過程から疎外されること (いわゆる「単なる証拠品扱い」) によって生じる精神的苦痛等)
  (c) 報道機関、一般人等第三者による不適切な行為よって生じるもの (例：加熱な報道、ネット上での誹謗中傷等によるプライバシーの侵害、名誉毀損等)

なお、犯罪被害のうち、犯罪自体によって直接生じるもの (上記の経済的負担及び精神的苦痛の(a)に概ね該当) を**一次的被害**と呼び、事後に関係機関等による不適切な対応等によって生じる新たな精神的苦痛等 (上記の精神的苦痛の(b)及び(c)に概ね対応) を**二次的被害**と呼ぶ場合もあります。犯罪被害者等基本法の前文では、「犯罪被害者等の多くは (中略) 犯罪等による直接的な被害にとどまらず、その後も副次的な被害に苦しめられることも少なく

---

5 政府が2005年 (平成17年) 12月に策定した犯罪被害者等基本計画では「犯罪被害者等に信頼されない刑事司法は国民全体から信頼されないという指摘もなされている」(10頁) と記されています。なお、犯罪被害者等支援は、刑事司法を含む法秩序に対する国民の信頼を確保するものという点において、一般自然災害の被害者等に対する支援とはやや異なる意義を持つと考えられます。

なかった」と記されています。[6]

(3) 政府による対策
○犯罪被害給付制度（1980年）[7]

　我が国においては、1974年（昭和49年）に発生したいわゆる「三菱重工ビル爆破事件」（死者8人、負傷者約330人）等を契機として、1980年（昭和55年）に犯罪被害等給付金支給法が制定されました。

　当該制度は、犯罪等被害者に対する経済的支援等を主な目的とした我が国における初めての制度となりました。

○犯罪被害者保護法（2000年）

　その後、2000年（平成12年）、刑事手続きにおける被害者等の権利・地位の強化等を目的として、犯罪被害者保護法が制定されるとともに、刑事訴訟法の所要の改正が行われました。（双方あわせて「犯罪被害者保護二法」と呼ばれることもあります。）

　この結果、被害者等の刑事手続きへの関与を一定程度認める制度（例：公判廷における意見陳述、優先傍聴、公判記録の閲覧・複写等）が設けられたほか、被害者等が裁判において証人となる際の精神的苦痛等を軽減する制度（証人の遮蔽措置、ビデオリンク方式による証人尋問、ビデオリンク、証人尋問の際の付き添い等）が設けられました。

---

[6] 前記の犯罪被害者等基本計画では、「犯罪被害者等の置かれている状況」に関して次のように記されています。「犯罪被害者等は、生命を奪われ、家族を失い、傷害を負わされ、財産を奪われるといった、いわば目に見える被害に加え、それらに劣らぬ重大な精神的被害を負うとともに、再被害の不安にさいなまれる。（中略）捜査・公判等の過程で、犯罪被害者等は負担を負い、時には配慮に欠けた対応による新たな精神的被害（**二次的被害**）を受けたり、名誉感情を傷つけられながら、自らの正義の回復に期待してこれに耐えていく。しかし、望む限りの情報が得られるわけではなく、かけがえのないものを奪った犯罪等の真実を必ずしも知ることができず、望むような関与もできず、疎外感・無力感に苦しむことが少なくない。さらには、周囲の好奇の目、誤解に基づく中傷、無理解な対応や過剰な報道等により、その名誉や生活の平穏が害されたり、孤立感に苦しむことも少なくなく、支援を行う各機関の担当者からさえ心無い言動を受けることもある」（1-2頁）。
[7] 制度の詳細は、警察庁HP（https://www.npa.go.jp/higaisya/kyuhu/index.html）参照。

○犯罪被害者等基本法、犯罪被害者等基本計画（2004年、2005年）

　さらに、2004年（平成16年）12月には**犯罪被害者等基本法**が成立しました。同法第3条第1項では「**すべて犯罪被害者等**は、個人の尊厳が重んぜられ、その尊厳にふさわしい処遇を保障される**権利を有する**」旨の基本理念が明記されています。また、同第4条及び第5条では、**国及び地方公共団体**は犯罪被害者支援等に関する所要の施策を策定、実施する**責務を負う**旨も明記されています。この結果、犯罪被害者等支援のための諸施策は決して単なる恩恵的措置ではなく、権利として保障されるものである旨が明示的に確認されることになりました（下記の「4つの基本方針」①参照）。

　同法の制定を受けて、2005年（平成17年）12月、政府は、犯罪被害者等支援に関する総合的な基本計画である「**犯罪被害者等基本計画**」を定めました。同法では、以下のような基本方針及び重点事項が定められています。[8]

「4つの基本方針」
　① 尊厳にふさわしい処遇を権利として保障すること[9]
　② 個々の事情に応じて適切に行われること[10]
　③ 途切れることなく行われること[11]

8　警察庁HP（https://www.npa.go.jp/hanzaihigai/kuwashiku/keikaku/keikaku.html）。
9　本文中に記載のとおり、基本法第3条第1項は「すべて犯罪被害者等は、個人の尊厳が重んぜられ、その尊厳にふさわしい処遇を保障される**権利を有する**」と規定しています。当該規定の趣旨に関し、第一次犯罪被害者等基本計画（5頁）は「犯罪被害者等のための施策は、例外的な存在に対する一方的な**恩恵的措置ではなく**、社会のかけがえのない一員として、犯罪被害者等が**当然に保障されるべき権利利益**の保護を図るためのものである。施策の実施者は、犯罪被害者等はその尊厳が尊重され、その尊厳にふさわしい処遇を保障される権利を有していることを視点に据え、施策を実施していかなくてはならない」と指摘しています。
10　一口に「犯罪被害者等」と言っても、実際には犯罪類型によって異なる特性があると考えられます。例えば、性犯罪被害者、交通事故被害者、ドメスティック・バイオレンス（DV）事案の被害者、ストーカー事案の被害者、少年の犯罪被害者（児童買春、児童ポルノ事案等の被害者等）、暴力団犯罪被害者等はそれぞれの異なった特性に応じた施策が必要と考えられます（『平成30年版　警察白書』、216頁）。
11　基本法第3条第3項は「犯罪被害者等が、被害を受けたときから再び平穏な生活を営むことができるようになるまでの間、必要な支援等を途切れることなく受けることができるよう、講ぜられるものとする」と規定しています。当該規定の趣旨に関し、第一次犯罪被害者等基本計画（6-7頁）は「深刻な被害の影響により、平穏な生活を回復するまでには長期間を要し、また、時間の経

④　国民の総意を形成しながら展開されること[12]

「5つの重点課題」
　①　損害回復・経済的支援等への取組
　②　精神的・身体的被害の回復・防止への取組
　③　刑事手続きへの関与拡充への取組
　④　支援等のための体制整備への取組
　⑤　国民の理解の増進と配慮・協力の確保への取組

　同計画は2011年（平成23年）3月及び2016年（平成28年）4月に改訂されています。ただし、これらの基本方針及び重点事項は第2次及び第3次の基本計画においても維持されています。[13][14]

⑷　様々な課題——あなたが当事者ならどう考えますか？
　前記のとおり、近年、我が国においても、犯罪被害者等支援に関する様々な施策の整備、運用が進められています。他方で同時に、各施策を実

　過とともに直面する問題が様々に変化し、それに伴い、必要とされる支援内容も変化する。こうした事情がある中で、適用される制度や担当する機関等が様々に替わることや地理的な制約等により、**制度や組織の継ぎ目に陥り、必要な支援等が途切れることがある**」と指摘しています。

12　基本法第6条は「国民は、犯罪被害者等の名誉又は生活の平穏を害することのないよう十分配慮するとともに、国及び地方公共団体が実施する犯罪被害者等のための施策に協力するよう努めなければならない」と規定しています。当該規定の趣旨に関し、基本計画（7頁）は「犯罪被害者等は、社会において、**ともすればその被害の深刻さ、回復の困難さを十分に理解されることなく、軽視・無視され、他方で、好奇の目にさらされたり、被害の責任があるかのように誤解され、中傷される**など、疎外され、孤立し、その苦しみを増幅させられることが少なくない」と指摘しています。

13　犯罪被害者等基本法第10条の規則に基づき、毎年、政府が講じた関連の諸施策に関する報告書「**犯罪被害者白書**」が国会に提出されています。当該報告書は警察庁のHP（犯罪被害者等施策）で閲覧可能です。

14　政府の定めた基本計画を踏まえ、関係機関等がそれぞれの立場から具体的な施策を実施しています。例えば警察では、①犯罪被害者等への配慮及び情報提供（性犯罪被害相談窓口への女性警察職員の配置等）、②精神的被害の回復への支援（カウンセリング技能を有する警察職員の配置等）、③経済的負担の軽減に資する支援（犯罪被害給付制度を始めとする様々な公費負担制度の運用）、④犯罪被害者等の安全の確保（緊急通報措置の貸与等再被害防止措置の推進等）等の施策が推進されています（『平成30年版　警察白書』、216-218頁）。

行する個別具体的な場面においては、様々な課題も顕在化しています。[15]

第一の課題は**他の理念とのバランスの問題**です。犯罪被害等者支援における重要な理念の一つは「被害者等の感情への配慮」であり、こうした視点は刑事手続き等においては加害者の厳罰化を求める方向に作用すると考えられます。他方で、刑事手続き等においては依然として被疑者の権利の確保は重要な理念であり、特に少年事件においては、加害者である少年に対する処罰よりも保護・更生の視点が非常に重視されています（保護優先主義）（※第5章参照）。こうしたことから、少年事件の刑事手続き等における保護優先主義と被害者等の感情への配慮・厳罰化等のバランスを如何にとるかが様々な場面で課題となります。例えば、法制度の面では**少年法の適用年齢**の引き下げの可否が議論されているほか、個別具体の事案においては**少年被疑者の実名報道**の適否が問題となることがあります（※第5章参照）。

第二の課題は**アクター間の連携の問題**です。犯罪被害者等支援を効果的に実行するためには、警察、裁判所、検察庁、病院、地方公共団体、民間ボランティア組織、NPO等の様々なアクターが連携をして対処することが必要となります。しかし実際には、**アクター間の連携の不足**が指摘される事例も少なくなく、結果的に二次的被害等に繋がる場合もあります。ドメスティック・バイオレンス（DV）事案やストーカー事案において、アクター間の連携不足故に対応が後手にまわり、被害拡大に繋がる場合もみられます。こうした背景には、各アクター、特に公的機関は異なった指揮命令系統に属していることから全体を統括するリーダーシップが見え難いことなどが考えられます。

第三の課題は**コスト負担の問題**、すなわち、犯罪被害者等支援に要する人的・金銭的コスト等を誰がどの程度負担するかという問題です。前記のとおり、犯罪被害者等支援には各種の民間支援組織、民間ボランティア団体等の様々な私的なアクターが関与しています。これらの組織に対しては、国、地方公共団体等により経済的支援策が行われている場合も少なくあり

---

[15] 我が国における犯罪被害者等支援は、近年進展はしているものの、欧米先進国等に比較するとまだ遅れているとの指摘もあります。

ません。¹⁶ しかし、国を始めとする各アクターをとりまく財政事情にも制約がある中、こうした公的な経済的支援は必ずしも十分とは限りません。各種の支援組織、ボランティア団体等の中には人材、資金等の不足に直面しているものもあります。

　この他、**認知度の問題**、すなわち、整備された各種支援策の社会的認知度が低く利用が広がりにくいという問題もあります。2017年（平成29年）1月に内閣府が実施した世論調査によると、国民の認知度は、犯罪被害者等基本法が25.1%、犯罪被害者支援センターが25.5%、犯罪被害給付制度が21.8%でした。¹⁷

2．犯罪者の再犯防止

(1)　背景・経緯（図9-1）

　再犯者とは、「前に道路交通法違反を除く犯罪により検挙されたことがあり、再び検挙された者」を言います（『平成30年版 犯罪白書』第5編第2章第1節）。

　刑法犯により検挙された人員の数は、平成中盤以降の治安の向上もあり、初犯者、再犯者とも減少傾向にあります。2017年（平成29年）、初犯者数（約11万人）はピークであった2004年（平成16年、約25万人）と比べて約56%減少し、再犯者数（約10万5,000人）はピークであった2006年（平成18年、約15万人）と比べて約30%減少しました。しかし、刑法犯の**再犯者率**（検挙人員に占める再犯者の人員の比率）は1996年（平成8年、27.7%）以降一

16　例えば、性犯罪・性暴力被害者等に対する各種の支援（医師による心身の治療、相談・カウンセリング等の心理的支援、捜査関連の支援、法的支援等）を提供するに当たり、当該被害者等を関係機関の間で「たらいまわし」することなく、総合的な支援を可能な限り1か所で提供することを目的とし、多くの都道府県においていわゆる**ワンストップ支援センター**が設置されています。こうした組織の設置、運営に対しては、国による交付金の支給等の一定の財政支援が行われています（警察庁HP、『平成30年版 警察白書』、30-31頁）。

17　内閣府『『犯罪被害者等施策に関する世論調査』の概要』（平成29年2月）（https://survey.gov-online.go.jp/tokubetu/h28/h28-hanzai.pdf）

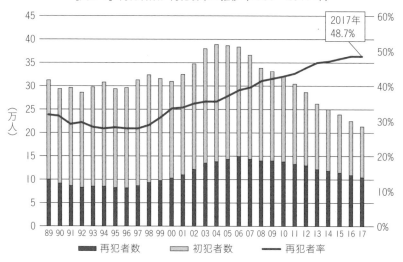

【図9-1】再犯者数、再犯者率の推移（1989〜2017年）

（出典：『平成30年版 犯罪白書』（第5編第2章第1節）のデータを基に筆者作成。）

貫して上昇を続けており、2017年（平成29年）には48.7％に達しています（『平成30年版 犯罪白書』第5編第2章第1節）（図9-1）。換言すると、刑法犯で検挙された者のうち約半数は再犯者となっており、その比率は上昇傾向にあります。[18]

　こうしたことから、的確な再犯の防止等[19]の実行は、社会の安全・安

18　**再犯率と再犯者率**：　**再犯率**とは「犯罪により検挙等された者が、その後の一定期間内に再び犯罪を行うことがどの程度あるのかを見る指標」です。他方、**再犯者率**とは「検挙等された者の中に、過去にも検挙等された者がどの程度いるのかを見る指標」です。再犯率は将来に向かってのものであるのに対し、再犯者率は過去に遡ってのものとも言えます。再犯率の定義をより仔細にみると、刑事手続きのどの段階で再犯とみなすのか等によって変化し得ます。また、どのような種類の罪であれ再び罪を犯せば再犯とみなすのか、同一又は同種の罪名の繰り返しのみに限定するのか等によっても変化します。したがって、「再犯率」を正確に把握することは必ずしも容易ではありません。そこで、犯罪白書等では、「再犯率」を推し量る指標として、**「2年以内再入率」**や**「5年以内再入率」**（ある年の刑事施設出所者のうち、出所後の一定期間（例えば2年、5年等）内に、新たな罪を犯して刑事施設に再入所した者の比率）を用いる場合が少なくありません（『平成28年版 犯罪白書』第5編第1章第1節「コラム」）。

19　2016年（平成28年）12月成立した再犯防止推進法第2条第2項は、**「再犯の防止等」**を「犯罪をした者等が犯罪をすることを防ぐこと」と定義しています。

心を確保する上で重要な課題となっています。

(2) 政府による対策

○再犯防止に向けた総合対策（2012年）

　政府全体として再犯防止策に本格的に取り組むこととなったのは、比較的最近のことです。前記のように「犯罪情勢全般は改善しつつあるものの、再犯者率は増加している」との状況等を受け[20]、2008年（平成20年）12月、政府の犯罪対策閣僚会議の下に再犯防止策ワーキングチームが設置されました。その後、2012年（平成24年）7月、犯罪対策閣僚会議において「**再犯防止に向けた総合対策**」が決定されました。同対策は、①対象者の特性に応じた指導及び支援を強化する[21]、②社会における「居場所」と「出番」を作る[22]、③再犯の実態や対策の効果等を調査・分析し、更に効果的な対策を検討・実施する、④広く国民に理解され、支えられた社会復帰を実現する、の4項目を重点施策と位置付けました。[23] その上で、2年以内再入率（出所等した年を含む2年間における刑務所等に再入所する者の割）を2021年（令和3年）までに20パーセント以上減少させるとの具体的な数値目標を掲げました。

○再犯防止推進法（2016年）

　さらに、2016年（平成28年）12月には、**再犯防止推進法**が成立しました。同法は、再犯防止に関する基本理念、国や地方公共団体の責務等を定めています。

20　加えて、2004-2005年（平成16-17年）頃にかけて、刑務所出所者等による重大再犯事件が連続して発生し、社会の耳目を集めました（『平成30年版 再犯防止推進白書』、3頁）。

21　例えば、青少年、女性、高齢者・障碍者、薬物依存者、性犯罪者、暴力団関係者等はそれぞれ異なった対応が必要と考えられます（『平成30年版 再犯防止推進白書』、4頁）。

22　例えば、住居の確保、就労の確保、社会貢献・参加活動の推進等があります（『平成30年版 再犯防止推進白書』、4頁）。

23　こうした同対策の基本的な考え方は、その後の再犯防止推進計画（2017年（平成29年）12月）等にも引き継がれています。

○再犯防止推進計画（2017年）

　再犯防止推進法の制定を受けて、2017年（平成29年）12月、政府は、再犯防止に関する総合的な基本計画である「**再犯防止推進計画**」（平成29年12月15日閣議決定）を定めました。同計画では、以下のような基本方針及び重点事項が定められており、加えて、2021年までに2年以内再入率を16%以下にする等の数値目標も定められています。

「5つの基本方針」
① 「誰一人取り残さない」社会の実現に向け、国・地方公共団体・民間の緊密な連携協力を確保して再犯防止施策を総合的に推進
② 刑事司法手続きのあらゆる段階で切れ目のない指導及び支援を実施
③ 犯罪被害者等の存在を十分に認識し、犯罪をした者等に犯罪の責任や犯罪被害者の心情等を理解させ、社会復帰のために自ら努力させることの重要性を踏まえて実施
④ 犯罪等の実態、効果検証・調査研究の成果等を踏まえ、社会情勢等に応じた効果的な施策を実施
⑤ 再犯防止の取組を広報するなどにより、広く国民の関心と理解を醸成

「7つの重点分野と主な施策」
① 就労・住居の確保
② 保健医療・福祉サービスの利用の推進
③ 学校等と連携した修学支援
④ 特性に応じた効果的な指導
⑤ 民間協力者の活動促進、広報・啓発活動の推進
⑥ 地方公共団体との連携強化
⑦ 関係機関の人的・物的体制の整備

同計画においても、「再犯防止に向けた総合対策」(2012年)と同様、処罰よりも**支援**(就労、住居の確保等)や**治療**(特に薬物依存者等に対する治療)に重点が置かれていること、**多機関協力**(国、地方公共団体、民間協力者・支援団体等)が重視されていること、などが特徴と言えます。

〇具体的な施策の例

具体的な各種施策は、大まかに「受刑者(現在服役中の者)に対するもの」と「満期出所者(服役を終了した者)に対するもの」に分類され、前者は更に施設内処遇と社会内処遇[24]に分かれます。

受刑者(現在服役中の者)に対する施策の例
◎施設内処遇:刑務所等に入所している施設内の受刑者に対する施策 ・就労支援のための教育等(資格取得支援等) ・薬物依存者、性犯罪者等に対するカウンセリング・治療等 ・開放型施設(いわゆる「塀のない刑務所」)の活用
◎社会内処遇:仮釈放者、保護観察付執行猶予者等の施設外の受刑者に対する施策 ・カウンセリング等 ・就労支援、住居の確保 　-民間の更生保護施設の活用 　-自立更生促進センター(法務省が設置する保護観察施設)の活用
満期出所者(服役を終了した者)に対する施策の例
・就労支援、住居の確保 　-民間の更生保護施設の活用 　-民間事業者等による協力雇用主制度(←奨励金の支給等あり) 　-地域生活定着支援センター[25]の活用

---

24 **社会内処遇**とは、「犯罪者を刑務所などの一定の施設に拘禁するのではなく、むしろ自由な社会生活の場である地域社会のなかで一般人と同様の生活を送らせながら、処置を行う者が指導や援助を行って、その社会復帰、改善更生をめざす処遇」です(守山・安部(2017)、226頁)。典型例は、**仮釈放**、**保護観察**、**執行猶予**等の諸制度です。

25 **地域生活定着支援センター**とは、高齢や知的障害の出所者の支援を行う厚生労働省の委託事業です。

【図9-2】出所受刑者の出所自由別の再入所率

（10年以内）：2008年（平成20年）の出所者の再入所率

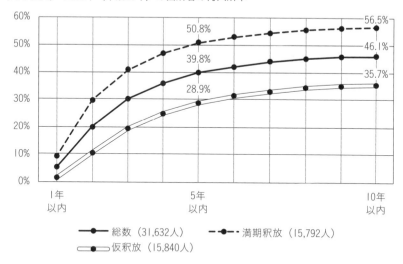

（5年以内）：2013年（平成25年）の出所者の再入所率

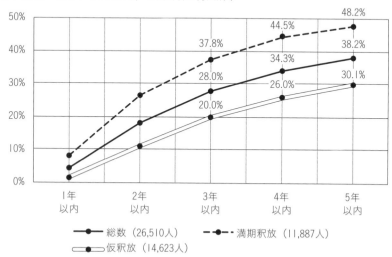

（出典：『犯罪白書 平成30年版』第5編第2章第3節のデータを基に筆者作成。）

(3) 様々な課題——あなたが当事者ならどう考えますか？

前記のとおり、近年、我が国においても、再犯防止に関する様々な施策の整備、運用が進められています。他方で同時に、各施策を実行する個別具体的な場面においては、様々な課題も顕在化しています。

第一の課題は**他の理念とのバランスの問題**です。例えば、**社会内処遇の推進等と地域の安全・安心の確保のバランス**が問題となる場合があります。統計上、仮釈放者は満期出所者に比較して出所後の再入率が低いことから（図9-2）、社会内処遇は再犯防止上の効果が大きいものと考えられています（『平成30年版 犯罪白書』第5編第2章第3節）。[26] しかし例えば、仮釈放者の就労支援等のための施設（自立更生促進センター等[27]）の設置に対しては、地域の安全・安心への影響を懸念する地域社会から歓迎されない場合もあります。施設内処遇としての再犯防止策である開放型施設（いわゆる「塀のない刑務所」）の活用についても同様の問題があります。[28][29] さらに、そもそも論として、**再犯防止と犯罪被害者等支援とのバランス**（処罰よりも更生・支援を重視することと被害者等の感情へ配慮することのバランス）を如何に考えるかという問題もあり得ます。

第二の課題は**コスト負担の問題**、すなわち、再犯防止の施策（とりわけ就労支援、住居の確保等）に要する人的・金銭的コスト等を誰がどの程度負

---

26 社会内処遇による再犯防止策の一環として、例えば、薬物犯罪者に対して一定の要件のもとに**刑の一部執行猶予**を認める制度が2016年（平成28年）6月から開始されています。

27 自立更生促進センターについては法務省のHP参照（http://www.moj.go.jp/hogo1/soumu/hogo_hogo19.html）。

28 2018年（平成30年）4月には、愛媛県の開放型刑務所施設から受刑者が脱走し、約3週間にわたり逃走した事例も発生しています。

29 地域の安全・安心の確保や被害者支援等をより重視する立場は、**満期出所者等（とりわけ、性犯罪、ストーカー等の前科前歴者等）の再犯を防止するために、これらの者に対する監視を強化するべきとの主張**につながる場合もあります。

法務省と警察庁の間では、2005年（平成17年）より、受刑者の釈放等に関する情報の提供が始まっています。また、大阪府では、2012年（平成24年）、子供への性犯罪前歴者に住所の届出を義務付ける条例が成立しています。他方、宮城県ではかつて、性犯罪前科者に対するGPS監視を義務付ける内容の条例が検討されましたが、成立には至りませんでした（2013年（平成25年））。ちなみに、米国の各州では、性犯罪前科者の出所、転入・転出等に当たり当該人物の人定事項、居住地情報等を公開する制度が州法等で定められている場合もあります（いわゆる**メーガン法**）。こうした制度の導入に当たっては、対象者の権利自由の確保とのバランスも課題となります。

担するかという問題です。これらの諸施策には各種の民間支援組織、民間ボランティア団体等の様々な私的なアクターが関与しています。これらの組織に対しては、国、地方公共団体等により経済的支援策が行われている場合も少なくありません（例えば、刑務所出所者等の雇用に協力する雇用主に対する奨励金支給制度等）。しかし、国を始めとする各アクターをとりまく財政事情にも制約がある中、こうした公的な経済的支援は必ずしも十分とは限りません。各種の支援組織、ボランティア団体等の中には人材、資金等の不足に直面しているものもあります。

　この他、**各種制度の実効性**の問題（例えば、仮釈放や執行猶予を受けた受刑者が本来受講すべき施設外でのカウンセリング等を必ずしも十分には受講しない問題）、**人材確保**（例えば、保護司の高齢化・後継者不足等）等の問題もあります。

【本章のポイント】

1　犯罪被害者等支援
◎背景・経緯
- 従来、刑事司法制度、犯罪に関する政策や学術研究等の主な対象は、加害者、すなわち犯罪者でした。しかし、近年、加害者のみならず被害者に対しても関心が向けられるようになってきました。犯罪予防の観点はもとより、犯罪被害者等が被ってしまった損害の負担軽減等の観点からも各種の施策、学術研究等がすすめられるようになっています。

◎政府による総合的な施策
- 2004年（平成16年）12月に**犯罪被害者等基本法**が成立し、犯罪被害者等の権利が明記されました。2005年（平成17年）12月には、政府としての総合的な施策である**犯罪被害者等基本計画**が策定されています。

◎課題
- 犯罪被害者等の支援の実践に当たり、**被害者等の感情への配慮・厳罰化等の理念**と、刑事手続き等における**被疑者の権利の確保等（特に少年事件における保護優先主義）**の理念のバランスが問題となる場合があります。例えば、法制度の面では少年法の適用年齢の引き下げの可否が議論されているほか、個別具体の事案においては少年被疑者の実名報道の適否が問題となることがあります。
- 被害者支援施策に関与する**アクター間（司法機関、地方公共団体、民間ボランティア組織等）の連携不足**が問題となる場合もあります。
- コスト負担の問題もあります。民間ボランティア団体等の中には人材、資金等の不足に直面しているものもあります。

2　再犯防止
◎背景・経緯
- 平成中期以降、刑法犯の認知件数や検挙人員数は減少傾向にあります。しかし、刑法犯の再犯者率は1996年（平成8年）以降一貫して上昇を続けており、50％近くに達しています。

◎政府による総合的な施策
- 2012年（平成24年）7月に政府としての最初の総合的な施策である「**再犯防止に向けた総合対策**」が決定され、2016年（平成28年）12月には**再犯防止推進法**が成立しました。さらに、2017年（平成29年）12月には「**再犯防止推進計画**」が策定されています。

◎課題
- 再犯防止の推進に当たり、そもそも論として、**再犯防止と犯罪被害等者支援**

とのバランス（処罰よりも更生・支援を重視することと被害者等の感情へ配慮することのバランス）を如何に考えるかという問題があります。
- **社会内処遇の推進等と地域の安全・安心の確保のバランス**が問題となる場合があります。例えば、関係施設の設置等に対して地域社会から懸念が示される場合もあります。
- **コスト負担の問題**もあります。民間ボランティア団体等の中には資金不足等直面しているものもあります。さらに、**各種制度の実効性の検証**、**人材確保**等の問題もあります。

Column　加害者家族等をめぐる問題

- 被害者家族等支援と似て非なる問題として、加害者家族等をめぐる問題があります。犯罪の加害者の家族等は、共犯者等として犯罪に加担している場合も有り得ますが、あくまでも加害者本人とは別の人格であり、当該犯罪とは何の関係もない場合も少なくありません。しかし、後者の場合であっても、単に犯罪加害者の家族であるが故にメディアの過熱報道、ネット上での誹謗中傷等によるプライバシー侵害、名誉毀損等に直面する場合も少なくありません。（就職等で不利な扱いを受ける事例等も有り得ます。）

- こうした必ずしも自分自身には非が無い事由による人権侵害等に直面しているという点において、加害者家族等の問題は被害者家族等の問題と似ている面があります。他方で、被害者家族等の感情に配慮する観点からは、両者をまったく同等に扱うのは必ずしも妥当ではないとの議論も有り得ます。（場合によっては、加害者家族は被害者等にとって民事上の損害賠償請求の相手方となることもあります。）その意味で、それぞれに対する支援等のバランスの在り方が課題となります。

- 加害者家族等の問題は比較的最近注目を浴び始めた問題であり、被害者等の問題に比較すると、支援策等は必ずしも十分には発達していないのが現状です。

□□□ 更に学びたい方のために □□□

【参考文献】
□ **政府機関発行の白書等**――
・警察庁『犯罪被害者白書』（※毎年発行）。
・法務省『再犯防止推進白書』（※毎年発行）。
・法務省『犯罪白書』（※毎年発行）。

□ **参考書**――
・大谷實（2009）『新版 刑事政策講義』弘文堂。
・守山正・安部哲夫（編著）（2017）『ビギナーズ 刑事政策（第3版）』成文堂。

第3部　ケース・スタディ

第3部では、第1部及び第2部で示された枠組みに基づき、具体的な事例を検討してみましょう。

◎ 着眼点

　自分自身が各事例内で指示された人物になったと想定して、「自分が当事者ならどう考えるか」との視点で、各事例における対応策（施策）を考えてみましょう。

　いずれの事例においても複数の対応策が可能であり、必ずしも唯一絶対的な「正解」が存在する訳ではありません。したがって、結論そのものもさることながら、結論に至る**議論の論理性、説得力**等がより重要になります。

　論理性、説得力等を持つ議論を展開するため、第1部及び第2部で示された分析枠組みを利用するならば、主に以下のような視点で問題を整理することが有用です。

- 関与するアクターは誰か。
- 各アクター間の利害対立の状況はどうなっているのか。（一般的には、財政的コストを誰がどのように負担するのか、「安全と権利自由のバランス」をどのようにして上手く解決するか等が論点となる場合が少なくありません。）
- 可能な施策の選択肢（オプション）にはどのようなものがあり、それぞれの選択肢のメリット・デメリットはどのようになっているか。
- 複数の選択肢の中から一つを選ぶ際の判断の基準は何か。説得力のある**理念**等が示されているか。

　さらに、結論として示される施策は、単なる理想論、抽象論、第三者的な評論等に止まるものではなく、**具体性、実効性***、**実現可能性****等を踏まえたものであることが重要です。

　解答の作成に当たり事例内で示されている以上のデータ等が必要な場合は、適宜自分自身でリサーチを行うなどして、適切な仮定を設定してみて下さい。

　なお、ここに掲載された事例はいずれも、実際に起きた事例等を参考にして作成されたものではありますが、あくまでもフィクションです。登場する個人、団体等は実在のものとは無関係です。

*　例えば、同様な施策が既に別の場所等で実行されて効果が検証済みであるならば、実効性の観点からの説得力は上昇します。（こうした場合でも、「Aにおいて効果があった施策がBにおいても効果が上ると単純に言えるのか」という点については別途検討する必要があります。）

**　例えば、私企業が実行すべき施策の案であるにもかかわらず、行政機関でなくては実行できないような事項が含まれているような場合、実行可能性の視点からの説得力は低くなります。

□ 第10章
事例①：大型ショッピングモール内の犯罪対策 [1]

【事例】（※本事例は 2010 ～ 2011 年頃の状況を基に作成されています。）

1．主人公 〜 山田太郎（K市役所 総務部企画調整課 課長補佐）

　山田太郎は現在 38 歳。自身の出身地である関東地方 S 県 K 市の市役所に勤務し、総務部企画調整課において課長補佐を務めている。

　首都圏の私立大学卒業後の数年間は当時の流行だった IT 関係の企業に勤めた。しかし、業界の雰囲気に馴染めず早期退職し、郷里 K 市の市役所に再就職した。K 市役所内では、中途採用ではあったものの持ち前の企画力・調整力で頭角を現し、市役所内の総合調整を担当する総務部企画調整課の課長補佐のポストに抜擢された。現在は、中堅職員ながらも幹部の実質的な知恵袋として活躍するに至っている。

2．S 県 K 市

［概　観］

　山田太郎が在住する関東地方 S 県 K 市は、同県南東部に位置し、人口

---

[1] 本事例はフィクションです。地域の社会、経済状勢等の描写に当たっては、埼玉県越谷市の状況を主に参考としました。その他、登場する個人、団体、政策論争をめぐる描写等は現実のものとは無関係です。

約33万人（S県下の約60の市町村中で第5位）を擁する首都圏のベッドタウン都市である。鉄道で都内の主要ターミナル駅まで約30〜40分で通えるという地の利もあり、人口は順調に増加している（1958年（昭和33年）にK市に市制が施行された時点での人口は約5万人）。

2010年（平成22年）度の一般会計当初予算額は約800億円弱でS県下の市町村では第5位の規模である。しかし、後述するように市内には目立った主要産業は無く、産業発展に向けた将来展望は必ずしも明るいものではない。

[産業発展の経緯と将来展望]

2010年（平成22年）にK市が発表した「産業振興ビジョン」によると、K市の産業発展をめぐる経緯と将来展望は概ね以下のとおりである。

(経緯)

K市は、江戸時代には主要な街道の宿場町であり、更には地域の米穀類の集散地として栄えた歴史を持つ。戦前・戦後から高度成長期以前の時期にも、農業を基軸に加工業、運送業や伝統工芸等、様々な地場産業が営まれていた。高度成長期から昭和40年以降になると首都圏の成長に伴い多くの人口が流入し、首都圏近郊のベッドタウンとして大きく発展することとなった。この時期には住宅地の造成にともない新規消費市場が拡大し、商業が大きく発展した。工業面でも、昭和30年代前半までは桐箱やひな人形などの伝統工芸を中心としてきたが、昭和30年代後半から40年代にかけては主に都内から転入する中小規模の工場が相次ぎ、金属や機械関連の業種を中心に事業所数が大きく増加した。

しかし、平成期に入ると、交通利便性の高まりによって市民の消費行動が変化し、首都圏へ買い物客が流出するなど、K市内の商業は次第に賑わいを失っていった。2010年（平成22年）にK市が発表した調査結果によると、市内の商店数は1985年（昭和60年）以降2000年（平成12年）頃までは概ね3,000店前後で推移していたところ、その後は漸減傾向にあり、

2007年（平成19年）には約2,600店まで減少した。商業従事者も1991年（平成3年）をピークに減少に転じ、2007（平成19年）年には約2万2,000人となった。工業面においても、従来の農地や工場周辺で急速な宅地造成が進んだことからK市内での工業用地の確保が次第に難しくなり、工場が市外に転出するケースが増加している。市内の事業所数は増減を繰り返しつつも、全体としては漸減傾向にある。

(今後の見通しと課題)

　このようにK市は、戦後の高度成長期を契機に従来の「農業と伝統工業中心の街」から「首都圏通勤者の住宅供給地」へと変遷し、発展を続けてきている。その一方で、「市内の産業（商工業）の空洞化」の進行はK市の将来に懸念をもたらしている。とりわけ、こうした状況の改善にとって特に足枷となっているのが「事業者等の高齢化」と「土地利用の不整合」の問題である。

　K市の産業は、前述のように主に昭和30年代から40年代にかけて、急速な人口増加とあいまって形成された。しかし、当時の現役世代が高齢化するとともにその後継者が不足しており、各事業所において事業の継続が難しくなっている。2009年（平成21年）6月に市が実施した市内事業者アンケートによると、事業者の年齢は60歳以上が各産業において7割前後を占めている。後継者や後継者候補が見つからない事業者が少なくないため、今後10年から15年の間に大幅な事業所の減少が予想される。

　また、農地の宅地化・耕作放棄地の増加や住工混在など、土地利用に関する課題が未解決のまま残されており、こうした状況も各種事業の継続を困難にしている。すなわち、事業継続あるいは事業拡大を求める事業者の市外への転出が続いており、かかる動向も将来的な市内の事業所減少傾向に一層の拍車を掛けるものと考えられる。

　K市の財政構造（歳入）をみると、市税（全体の59％）をはじめとする自主財源が全体の70％を占め、地方交付税などの依存財源は30％という構成比となっている。自主財源の割合が比較的大きくしかもその割合が漸増

傾向にあることは取り敢えず健全な状況と言い得る。しかし、近い将来、急激な人口減少・少子高齢社会が到来すると予想されることから、自主財源の中でも特に個人市民税の割合の高いK市の税収構造では、今後の都市運営に支障をきたすことも懸念されている。[2]

3．大型ショッピングセンターの開設

　このように将来に向けて市内の各種産業の停滞が危惧されている中、K市は大手流通グループI社を中核とする大型ショッピングセンターの誘致に成功した。2008年（平成20年）10月、鉄道沿いの広大な工場跡地に、敷地約26万平方メートル、商業施設面積約22万平方メートル、従業員約9,000人、店舗数約570個を誇る全国でも有数の大型ショッピングセンター「Lタウン」が開店した。同センターの目の前には「Lタウン」の名を冠する鉄道の新駅も開設された。

　誘致当初は「こんな寂しい場所に大きなショッピングセンターを建てて本当に流行るのか？」という危惧もあったが、果たして全国的な郊外型ショッピングセンターの流行の波にも乗り、「Lタウン」は大いに賑わうこととなる。K市が高速道路の大型ジャンクションに近いという地の利もあり、週末には首都圏各地からの買い物客が自家用車や鉄道を利用して「Lタウン」に集まり出したのである。2008年（平成20年）10月の開業以降、毎年の「Lタウン」への来客数は約2,800万人を突破するに至っているが、これは、東京ディズニーランドの1年間の入場者数をも上回る数である。

　こうした状況は、低迷気味であったK市の商業経済に大きなプラス効果をもたらすこととなった。

---

[2] 『越谷市産業振興ビジョン』（2010年5月25日）の内容を参考に作成。（https://www.city.koshigaya.saitama.jp/kurashi_shisei/shisei/keikaku/kakushukeikaku/sangyo/sangyoushinkou/sangyoushinkouvision.html）。

4. ショッピングセンター内及び周辺地域における犯罪情勢の悪化

しかし、良いことばかりが続くわけではない。新たに、「Lタウン」内及び周辺地区における犯罪情勢の悪化問題が浮上してきたのである。

[K市全体の犯罪状況]

そもそもK市全体の犯罪状況は、S県内の他の市町村との比較でみると、以前より県内でもあまり良くない部類に入ると言える。例えば、2010年（平成22年）前半のK市内の犯罪率（人口1,000人当たりの刑法犯認知件数）は8.3件であり、S県内の全市町村等の中で上から3番目の多さになっている。また、2009年（平成21年）中のK市内におけるひったくり発生件数は約160件であり、同じくS県内の全市町村内で2番目の多さであった。

ただし、中・長期的トレンドを見ると、全国的に犯罪情勢が改善する中、K市においても犯罪情勢は改善傾向にあることも事実である。すなわち、K市内における刑法犯認知件数は2004年（平成16年）のピーク時には約9,500件であったが、2008年（平成20年）には約7,300件まで減少した。

[ショッピングセンター内及び周辺地域の犯罪情勢状況]

こうした中、「Lタウン」内及び周辺地区に限ってみると、2008（平成20年）年10月に同センターがオープンして以降、万引き、自転車盗などの犯罪が増加している。この地区を管轄するK警察署O交番における刑法犯認知・取扱件数は、「Lタウン」開設前の2007年（平成19年）は約150件であったが、2008年（平成20年）には約300件、2009年（平成21年）には約850件となっている。特に、少年等による犯罪の増加が犯罪情勢悪化の要因の一つになっているとみられる。

万引きに限ってみると、S県内では、万引きによる検挙・補導人数は、2008年（平成20年）の約5,100人から翌2009年（平成21年）には約6,000人まで大幅に増加した（約17%増加）。こうした万引きの急増の主たる要因

は「Lタウン」を始めとする大型ショッピングモールの登場にあるとみられている。

　例えば、「Lタウン」では2009年（平成21年）中には少なくとも約380件の万引きの発生が認知されており、摘発された約190人のうち7割以上を少年が占めていた。2010年（平成22年）に入っても1～3月の間に既に約60人が摘発され、うち8割以上が少年であった。2010年（平成22年）5月のある新聞記事は、「ネット上に、『Lタウンは万引きしやすい！』、『Lタウンの○の店は防犯カメラもないし店員も少ないから楽勝！』などと、万引きを煽るような情報が少年の間に流れている」「十分な防犯計画をともなわないまま作られた大型ショッピングセンターが少年犯罪の温床になっている」等と報じた。

　こうした状況を受けて、K警察署は各店舗に対して、陳列棚の配置の工夫（万引きが難しいレイアウトへの改善）、従業員の増員などの防犯措置を施すよう指導を始めた。また、近隣の中学・高校に対しても、生徒への指導強化の依頼を開始した。しかし、店舗によっては、「店の雰囲気にそぐわない」として防犯上の措置を採ることに消極的な店舗もみられる。

　いずれにせよ、このような犯罪情勢の悪化が今後も継続すれば、いずれは「Lタウン」全体の客足や売上、営業状態等に対して悪影響を与える可能性も有り得る。実際、店舗の中には、上記のようなK警察署の防犯指導に基づく対策を採ったことにより、「店舗運営コストが上昇した」との不満を漏らしている店舗もあるといわれている。（ただし、この点に関しては、現段階では具体的かつ実証的なデータ等は得られていない。）

5．犯罪対策をめぐる様々な意見

　以上のような状況を受けて、「Lタウン」の店舗組合はK市側に何らかの改善策を採るよう申し入れてきた。中でも店舗組合の中核的存在である大手のIYDスーパーマーケット・チェーンは、何らかの改善策がなされ

なければ「Lタウン」からの店舗の撤退あるいは営業の縮小を検討する旨さえも示唆している。仮にこうした目玉店舗が本当に撤退あるいは営業縮小するとすれば、「Lタウン」全体の衰退に繋がりかねない。こうしたことから、K市側も市長の陣頭指揮の下で真剣に犯罪情勢改善に向けた対応策を検討する必要に迫られている。

[警察]

「Lタウン」内の犯罪問題に関して真っ先に反応を示したのは警察である。

S県警本部とK警察署は、「センター内に更に100基の高性能街頭防犯カメラ・システムを増設するのであれば、設置に必要な経費約4億5,000万円を国及び県の予算から支出する用意がある」とし、条件としてこれらの防犯カメラの維持・運営コスト（年間約2,000万円）をK市に負担して欲しい旨を申し出てきた。「Lタウン」内には既に施設管理者によって数10台の防犯カメラが設置されているが、これを補うべく最新式の街頭防犯カメラ・システムを導入しようというものである。県警は、既に都内の繁華街等においては同様の街頭防犯カメラ・システムの導入後に犯罪情勢が改善した例もある旨を紹介し、同システムの効果に大いに自信を持っている。

こうした街頭防犯カメラ設置案に対しては当初「Lタウン」店舗組合側も乗り気であり、本件は問題なく「これにて一件落着」とも思われた。

[地元住民自治会]

しかし、「Lタウン」周辺の住民自治会の一部から懸念が示され、事態は振り出しに戻ることになる。

慎重派の住民グループは、「街頭防犯カメラに写された映像が誰にどうやって管理されるのか明確でなく気味が悪い」と主張し、「街頭防犯カメラを設置するのではなく、県警が交番の増設等により警察官のパトロールを増やすか、あるいは市の防犯パトロール隊（K市が民間警備会社に委託して実施しているパトロール隊）を増やすなどして対応すべきだ」と主張している。

これに対して県警側は「当県警は警察官一人当たりの負担人口数が全国

でもトップクラスに入る『人手不足』県警であり、地元のK警察署でもこれ以上手厚く『Lタウン』のパトロールを強化する余裕はない」、「ショッピングセンター閉店後の同地域の夜間居住人口は依然として約1,500人に過ぎず、新たな交番を設置する程のレベルには達していない」との姿勢である。[3] 一方、市の運営する防犯パトロール隊を増強した場合、これに要する費用（民間警備会社への委託費用）は年間約6,000万円に上ると試算され、街頭防犯カメラ・システム設置案でK市が負担すべき額を大きく上回ってしまうものとみられる。

なお、街頭防犯カメラ・システム設置案に関する「Lタウン」付近の住民全体へのアンケート調査結果は、「街頭防犯カメラ・システム設置容認：42％、慎重：38％、よくわからない：20％」と拮抗した結果を示している。

[K市役所財政課]

K市役所内も必ずしも一枚岩ではなく、一部には慎重論がある。

先日の総務部内の部内会議の席上、予算編成を担当する財政課の課長は、「現在、K市は『Lタウン』問題のみならず、高齢者福祉問題、子育て支援問題、産業振興問題、失業者問題など懸案山積であり、これら複数の懸案の中で何を優先させるかは慎重に検討する必要がある」、「不況と財政難のおり、施策実施の効果、施策の優先順位付け等に関して市民に対して十分に合理的な説明がつかない場合、支出には慎重であるべきだ」と述べた。

[K市議会]

一方、来年度のK市の予算を審議する市議会の開催は来月に迫っている。

先日、市議会の与党会派の重鎮である市議は、「市議会として『Lタウン』の衰退が市の経済状況に与える悪影響は十分理解している。しかし、市役所内の意思統一や地元住民との折り合いがきちんとつかない限り、市

---

[3] 本事例作成の際に参考とした埼玉県越谷市においては、2018年（平成30年）にショッピングセンター前の駅前に交番が設置されました。

議会としては街頭防犯カメラ・システム運営予算の承認には慎重にならざるを得ないだろう」との見解を表明した。

6．市長からの指示

　こうした状況の下、来週には、市長、「Lタウン」店舗組合、地元自治会、県警等関係者との意見交換会が予定されている。
　同意見交換会で何らかの妥協案が合意されない限り、街頭防犯カメラ・システム設置は少なくとも本年度中には事実上不可能となってしまう。仮にそうなった場合、K市側としては、同案を白紙に戻した上で、別途新たな「Lタウン」内の犯罪対策の検討を迫られることとなる。

　本日の朝、山田太郎は上司の企画調整課長と共に市長に呼ばれ、「来週の関係者意見交換会においてK市としてどのような対応をとるべきか、『叩き台』となる政策案を考えて欲しい」との指示を受けた。なお、市長からは併せて、政策案の作成に当たっては以下の諸点に留意するよう指示がなされた。

- 「政策案」であることを踏まえ、単なる理想論や抽象論、社会評論に止まるのではなく、「具体的な結論」を明示すること。
- 「市長の立場による政策案」としての「実現可能性」を踏まえていること。

【設問】
　<u>自分自身が山田太郎であると仮定し</u>、市長に対して意見具申する政策案を起案して下さい。

□ 第11章
事例②：大学のセキュリティ [1]

【事例】（※本事例は2010～2011年頃の状況を基に作成されています。）

1．主人公 ～ 山本一郎（私立S大学 総務課 主任）

　山本一郎は現在38歳。関東地方の私立S大学に事務職員として勤務し、総務部主任を務めている。15年前に首都圏の中堅私立大学卒業後、都内の一般企業での勤務を経て約10年前に郷里に戻り、地元のS大学に再就職した。S大学では、持ち前の企画力・調整力で頭角を現し、学内事務の総合調整や様々な雑務処理を担当する総務課主任のポストに抜擢された。現在は、若手ながらも幹部教職員の知恵袋として活躍している。

2．私立S大学

　S大学は、関東地方の首都圏近郊に所在し、1990年代初頭に創設された比較的新しい中堅の私立大学である。文系・理系の3つの学部及び大学院から成り、在学生の総数は約4,000名である。自由闊達な校風、先進的な研究教育内容、開放感のある広大なキャンパスなどが特徴であり、創設以来個性的な人材を各界に多く輩出している。

1　本事例はフィクションです。登場する個人、団体等は実在のものとは無関係です。

創設以降しばらくの間は志願者数も比較的高い水準で推移し、財務状況も比較的安定していた。しかし最近数年間は、経済不況に伴う全国的な受験生の私立離れ傾向を受けて志願者数は漸減傾向にある。また、リーマンショック後の株式・金融市場の暴落等による資産価値の減少等により財政的にも倹約を迫られている。

3．大学構内での傷害事件の発生

　S大学は市街地からはやや離れた地域に所在している。このため、従前よりS大学の周辺及びS大学構内の治安状況は決して悪いものではなかった。

　しかし、本年1月20日午後2時30分頃、S大学構内で学生同士による殺人未遂事件が発生した。事件の概要は次のとおりである。

　加害者は同大学1年生の少年・A男（19歳、男性）、被害者は同大学4年生・B子（22歳、女性）、同大学3年生・C（21歳、男性）、同大学2年生・D（20歳、女性）、同大学1年生・E（19歳、女性）、同校内ファーストフード店勤務員・F（44歳、女性）の合計5名である。

　事件当時、A男は校内のファーストフード店でB子と会話中、突然逆上して鞄内に隠し持っていた大型ナイフでB子を刺し重傷を負わせた。その後、興奮したA男は同店内に偶然居合わせた無関係の学生3名（C、D、E）と同店勤務員のFにも襲いかかり重軽傷を負わせた。約20分後、A男は同店の前でナイフを手にしたまま放心状態でいたところ、駆けつけた警備員と警察官により取り押さえられた。EとFは比較的軽傷であったが、B子、C、Dは重傷で現在も入院中である。

　A男とB子は同大学の同じサークルの先輩・後輩として最近1年半ほど交際していた。しかし、B子が今春の卒業・就職を機会に地方に転居となる見通しであることから最近は関係がぎくしゃくしていたと言われている。報道によると、最近約1か月間は、校内で言い争う両名の姿がしば

しば目撃されていた他、A男からB子に対する嫌がらせメールやつきまとい行為等がみられるようになっていたという。約1週間前、B子から相談を受けた地元の警察署はA男を呼び出し、ストーカー規制法の適用対象となる疑いがあるとして、嫌がらせメールやつきまとい行為等を直ちに止めるよう指導を行っていた。

報道によると、A男は警察に対し、「離れるのが嫌だったので一緒に死のうと思いB子を刺した」、「自分で自分を刺すのは怖くて結局出来なかった」、「B子以外にも何人かをまとめて殺せば死刑になれると思ったので、破れかぶれになって周囲の人間を誰でもよいから手当たり次第に刺した」などと述べているという。

4．事件後の状況

[S大学]

事件発生後、S大学は直ちに学長による記者会見を開き、被害者への謝罪等の意を示した。会見の際、一部の報道陣からは、S大学のセキュリティの在り方を疑問視する指摘がみられた。さらに、近年S大学の在学生が薬物犯罪等により検挙される事案が散見されていることを踏まえ、「そもそも犯罪対策に関する同大学の姿勢そのものが甘いのではないか」との指摘もみられた。

[被害者家族等]

B子を始めとする被害者及びその家族は、警察の事前対応、S大学構内のセキュリティの在り方に不信感を持ち始めている。B子の弁護士は記者会見において、今後の状況如何では加害者のみならず県（警察）及びS大学に対しても損害賠償請求を行う意向を示唆している。

[ネット上の反応]

　ネット上でも、各種掲示版、ブログ、ツイッター等において本事件が広く取り上げられている。

　S大学に関しては、「こんな学校怖くて通えたもんじゃない」、「殺人鬼を養成する大学だ！」などの書き込みが増加した。

　加害者A男（19歳）に関しては、S大学の在学生により実名、住所、所属ゼミ、所属サークル等がネット上に暴露された。[2] この結果、A男の実家へも嫌がらせ電話等が殺到している。A男が所属していたゼミやサークルに関しても「殺人サークル」、「変質者ゼミ」等の書き込みが増加している。A男の個人情報の暴露に関しては「やり過ぎだ」との書き込みもみられる一方で、「これだけの凶悪犯罪を起こしたのだから、たとえ未成年だとしても人定事項を公開することが『正義』だ」としてこれを擁護する書き込みも少なくない。

　ネット上の書き込みはS大学卒業生であるA男の姉・G子にも及んでいる。G子は前年にS大学を卒業して都内の大企業に就職しているが、実名、勤務先、在学中の所属ゼミやサークル等がネット上で暴露された。抗議や嫌がらせ電話やメール等がG子の勤務先にも届くようになり、現在G子は無期限の休職中である。[3]

　被害者であるB子に関しても書き込みが相次いでいる。B子の無事回復を願う内容の書き込みもあるが、逆に、「自分がチャラチャラしているのが悪い」、「警察に相談までしておきながらストーカー男に会うなんて無防備に過ぎる」、「巻き添え被害にあった無関係の方々に謝罪しろ」等の非難がみられる。

---

[2] 犯行時19歳のA男には少年法が適用されます。一般に少年犯罪においては、少年法の精神に基づき、各報道機関は実名による報道を控えています。（※第5章参照）
[3] いわゆる「加害者家族等をめぐる問題」の一種です。（※第9章参照）

5. セキュリティをめぐる様々な意見

　こうした状況の下、S大学の教職員の間では、さっそく今後の再発防止策等についての検討が開始された。議論の状況の概要は以下のとおりである。

[大学構内のセキュリティの問題]
　構内セキュリティの強化については、世論への対応、被害者への対応などの観点から、「積極的に進めることもやむを得ない」とする意見もみられる。例えば、防犯カメラや警備員の増強、校内立入時の身分確認の徹底や手荷物検査の実施等である。
　他方で、大学の自由や個人のプライバシーを重視する立場からは、「今回の事件はあくまで一過性のものであり過剰反応するべきではない」としてセキュリティの強化に対して慎重な意見もみられる。実際、（置き引き等は別として）S大学構内での凶悪犯罪の発生件数は過去数年間非常に少ない件数に止まっている。今回の事件を別にすれば、少なくとも統計上は構内治安が急速に悪化しているとは必ずしも言えないのが実情である。
　セキュリティ強化の是非の問題に関し、用事で学事係に立ち寄った学生約10名に対して山本一郎が内々に意見を求めたところ、主な反応は次のとおりであった。大まかに言って、賛成、反対、不明それぞれ約3分の1と言い得る。

- 「あんなに酷い事件があったんだから、多少のことは我慢しないと仕方がないと思います」（2年生）
- 「自分は別に悪いことをしている訳ではないし、防犯カメラがあっても別に何も構わないっす」（1年生）
- 「構内はまだまだ安全だし、そんな措置が必要とは思えない。お金があるならむしろ理系の実験機材などをもっと充実させて欲しい。大

学当局やら警備会社に見張られてるのも気味が悪いし絶対に厭だ」（4年生）
- 「撮影された映像が流出しないか逆に心配！カメラを管理している教職員や警備会社の人に『変なヒト』がいないとも限らないじゃないですか？そのあたりどうなんでしょうか？」（2年生）
- 「正直、関心が無いです。どうせ自分は学校には滅多に来てないし」（3年生）
- 「よくわかんないんで、今度サークルのセンパイに聞いてみます」（1年生）

　プライバシー等の問題と併せて、費用負担も決して軽視はできない問題である。セキュリティー・サービス企業に見積もりを依頼したところ、仮に校内50か所に防犯カメラを追加して設置する場合に要する費用は、年間約3,000万円とみられる。また、同様の効果を防犯カメラではなく警備員の増員によって賄う場合、費用は年間約5,000万円に上るとみられる。大学財務担当者からは「大学の財務状況が必ずしも芳しくない最近の状況下では、これらの出費は容易なものではない」旨の意見が出されている。
　一方、今回の事件がもたらした「風評被害」の結果、次回のS大学の志願者数は相当数減少することも懸念される。入試検定料の大幅減少は財政的にもS大学にとって大きな痛手となる。入試担当者からは「セキュリティ強化の支出は志願者減少を阻止するための必要経費とみることもできる」、「3,000万円の支出により1,000名の出願者減少を阻止することができれば、財政的には元が取れる」との意見も出されている。
　教員の一部からは、防犯カメラの増強や警備員の増員を行うのではなく、「学生に働き掛けてボランティアの『構内見廻り隊』を結成させれば費用を掛けなくて済むのではないか」との意見も出されている。しかし、山本一郎自身は内心、学生がそこまで熱心にボランティア活動を行うのか否かやや懐疑的である。この点に関し、用事で学事係に立ち寄った学生約10名に対して山本一郎が内々に意見を求めたところ、主な反応は次のとおり

であった。

- 「是非やってみたいです。自分の安全は自分で守るべきですから。あと、就活でも『ネタ』に利用できるかもしれないし」(3年生)
- 「学生同士で相互監視するみたいで何か気味が悪いです」(4年生)
- 「自分は授業とバイトが忙しいので無理です。でも、誰か他の人がやる分にはOKかな」(3年生)
- 「おカネが無くて困ってますので、給料が出るならやります。でもそれじゃボランティアにはならないのかな？」(2年生)
- 「ボランティア活動で単位が貰えるなら無償でも何でもやります。毎年単位不足で進級が危ういので！」(2年生)
- 「よくわからないので、友達に聞いてみます」(1年生)

[ネットの問題]
　前記のようなネット上の問題についても、教職員の間での議論は様々である。

　教員の中では、「たとえ過激な書き込みだとしてもネット上の『表現の自由』は尊重されるべきである。少なくともS大学としては特段の措置を取るべきではない」旨の意見が比較的多くみられる。

　他方で、「S大学、被害者、加害者家族等それぞれが深刻な『風評被害』を被っている以上、然るべき措置を取るのもやむを得ない」旨の意見も散見される。例えば、ネット上のいわゆる「サイバー・パトロール」を担当する職員を数名配置し、不適切な書き込み等を発見した場合には、警察への通報、プロバイダーへの削除依頼、投稿者への警告メール発信等を行うことが考えられる。ちなみに、こうしたネット監視業務を民間業者に委託することも可能であるが、この場合の委託経費は年間約1,500万円と見積もられる。[4]

4　近年、全国の自治体の多くがいわゆる「学校裏サイト」の監視業務を民間業者に委託しています。東京都では2009年度から、年間約1,900万円の経費をかけて都内の公立小中高校約2,200校の

ただし、このように「何らかの措置を採るべき」との意見の中にも様々なバリエーションがある。例えば、「監視する書き込みの対象範囲」については、これを可能な限り限定的にするべく「被害者や加害者家族等に関する誹謗中傷に限定し、S大学そのものに関する書き込みについては対象外とする」との立場もある。これに対し、「S大学も現実に志願者の減少等の『風評被害』を受けている以上、S大学に関する書き込みについても監視対象に含めるべき」との意見もある。

6．大学上層部からの指示

　こうした状況の下、来週早々に教員会議が開催され、「S大学としての対応策」が議論されることになった。同会議では、学長以下執行部が議論の「叩き台」となる「S大学としての対応策」の原案を示し、当該原案を全教員で議論することとなっている。（教員会議で決定された案は、更に大学理事会に諮られた上で「S大学としての対応策」が正式に決定されることとなっている。）
　本日の朝、山本一郎は上司の甲総務課長と共に総務担当の乙教授に呼ばれ、「来週の教員会議の際に執行部から提示する『S大学としての対策案』の原案を作成して欲しい」との指示を受けた。

【設　問】

　<u>自分自身が山本一郎であると仮定し</u>、次期教員会議における議論の「叩き台」として執行部から提示する「S大学としての対策案」の原案を考えて下さい。

「裏サイト」監視を民間IT企業に委託しています。（2009年6月8日付読売新聞）

□ 第 12 章
事例③：地元に更生保護施設を受け入れるか？[1]
—— A 県 B 市甲地区自治会

【事例】（※本事例は 2010 ～ 2011 年頃の状況を基に作成されています。）

1．主人公 〜 鈴木太郎（ビジネス・コンサルタント）

　鈴木太郎は東北の A 県出身で現在 32 歳の独身男性である。首都圏の私立大学卒業後、都内の大手の経営コンサルタント会社に就職し、現在は中堅のビジネス・コンサルタントとして活躍中の身である。

　太郎の父は現在 67 歳。A 県 B 市に妻（次郎の母）と 2 人で暮らしている。長く地元で教員を務め、最後は市内の中学校校長を務めて退職した。退職後も、世話好きな人柄と旺盛な正義感から地元自治会活動に積極的に取組み、防犯パトロール活動始め各種のボランティア活動にも参加している。その正直で真面目な人柄を慕う声は多く、昨年年初より周囲に推されて B 市甲地区の自治会会長を務めている。

　太郎は独身の身軽さもあり、ここ数年間、年末年始休暇や夏休みは海外旅行等に明け暮れており、久しく実家に帰省することはなかった。そんな太郎が今般、久々に年末に実家に帰省したところ、父親が浮かぬ表情で元気がないことに気が付いた。父親自身は多くを語ろうとはしないが、母親

---

[1] 本事例はフィクションです。地域の社会、経済状勢等の描写に当たっては、福島県福島市の状況を主に参考としました。その他、登場する個人、団体、政策論争をめぐる描写等は現実のものとは無関係です。

によると、現在、甲地区の自治会は、国が普及を進める自立更生促進センターの設立を受け入れるか否かで揺れており、自治会長の太郎はその対応をめぐって難しい立場に立たされているという。

2. A県B市

B市は東北地方の中規模県A県内の北部に位置し、人口約29万人（県下第3位）を擁する中規模都市である。

B市はA県の県庁所在地ではあるものの、同県内のC市（県中央部に位置する県内の商業・流通の要衝）やD市（県南東部太平洋側に面し県内屈伸の工業地帯を擁する）に比較すると、人口数も経済力も劣っている。2010年度（平成22年度）の一般会計当初予算額は約895億円で、A県下の市町村ではB市、C市に続き第3位の規模に止まっている。

B市の主要産業は主に商業（卸売・小売業、サービス業、飲食店・宿泊業等）や製造業であり、就業者人口の約40％を占めている。ただし、近年の商業店舗の大型化・郊外化の傾向に加え、東北地域の商業の多くが仙台都市圏への一極集中が進んでいることもあり、B市の商業は次第に空洞化が進んでいるのが現状である。B市内の卸売・小売業の事業所数、従業員数は、1994年（平成6年）にはそれぞれ、約4,200事業所及び約28,000人であったが、2007年（平成19年）には約3,400事業者及び約25,000人に減少した。この間、年間商品販売額も約3分の2に減少している。

3. 自立更生促進センター[2]が来る？

「自立更生促進センター」とは、刑務所から仮釈放された人に職業訓練

2　出典：法務省HP。2009年6月29日付読売新聞（西部・夕刊）「初の国営更生施設、福岡・小倉に開所　仮釈放者、再出発の地」。（※第9章参照）

や仕事のあっせん等を行い社会復帰を支援する国営の入所施設である。第1号は2009年（平成21年）6月に福岡県北九州市で運営が開始され、第2号は2010年（平成22年）8月に福島県福島市で運営が開始されている。

　一般に、刑務所からの仮釈放者は、仮釈放後の残りの刑期を保護司や保護観察官の定期的な指導を受けながら過ごすこととされている。釈放後5年以内に再び犯罪を起こして刑務所に逆戻りする人の割合は、刑期満了まで服役する満期釈放者の59％に対し、仮釈放者は36％となっている。[3] その意味で、仮釈放制度は再犯防止に有効な制度であるとみられる。刑務所の受刑者が仮釈放となるには、本人に更生意欲があることに加え、身元引受先があることが条件となっている。従来、引受先が見つからない仮釈放者の受入れは民間の更生保護施設が担ってきた。しかし、全国約100か所の民間施設（定員計約2,300人）では受入れが追いつかず、各地で定員オーバーが続いている。国営の自立更生促進センター整備の背景には、こうした民間の更生保護施設で受入れが追いつかない現状を打開し、仮釈放制度の定着を一層促進しようとの狙いがある。

　北九州センターの例をみると、入所定員は男性14人で、滞在期間は最長で3か月間となっている。（※ B市に設置されるセンターの入所定員は更に多い25～30人となると予定されている。）所内では、入所者は、保護観察官の指導の下、暴力の衝動を自分で抑えるプログラムなど個々の問題に応じたメニューをこなすこととされている。他方、警備面でも相応の配慮がなされており、センター内の各所にカメラが設置され、夜間は警備員も巡回に当たっている。更に、入所者には全地球測位システム（GPS）付き携帯電話を持たせ、行動を把握することが検討されている。[4]

3　出典：法務省『平成22年版 犯罪白書』。（※第9章参照）
4　入所者にGPS携行を義務付けることには、人権（プライバシー）保護の観点から異論も有り得ます。

4．センター受入れのメリット・デメリット

[経済的メリット]

　B市の場合、仮にこうした自立更生促進センターの設立を受け入れるとすれば、まず国（法務省）がB市甲地区の市有地を買い上げ、同地に新たな施設の建設工事を行うこととなる。（建設工事には地元B市の企業が参加する可能性が大である。）更にセンター開設の後は地元に一定数の雇用が創出されることも期待される。

　したがって、純粋に経済的にみれば同センターの受入れによる地元のメリットは決して小さいものではない。特にリーマンショック以降の不況下では、国関連の公共工事や雇用の創出はB市のような地方公共団体にとっては大きなメリットと言い得る。[5]

[社会への貢献]

　こうした地元への経済的メリットと共に、甲地区の自治会内では、「仮釈放者に対するケアーの充実は再犯を防止し、長い目で見れば地域の治安の向上に資する」との理念に共感して同センターの受入れを容認する意見も少なくない。前記のとおり、仮釈放制度が再犯防止にある程度有効であることは統計的にも裏付けられている。

[地元の治安への懸念]

　しかし同時に、そうした理念に共感は示しつつも地元へのセンターの受入れに懸念を示す住民もまた少なくない。同センターの入所者（仮釈放者）の存在が結果的に地域の治安に悪影響を及ぼすのではないかとの懸念である。実際、甲地区のセンター建設候補地の付近には半径1キロ以内に10以上もの学校が存在し、最も近い学校は徒歩2分以内の場所にある。こ

5　B市役所の試算では、センター開設後の直接的な雇用創出効果を含めた地元への直接・間接の経済効果は総計で年間1億円程度とみられます。

うしたことから、小中学生の父兄や学校関係者に「再犯が絶対に起こらないという保証はなく、入所者が子供と接触しないかどうか心配だ」、「特に性犯罪者や薬物犯罪者には絶対来て欲しくはない」との慎重な意見が多くみられる。

5．施設の受入れをめぐる様々な意見

　ただし、賛成派、慎重派それぞれの中でもその実態は必ずしも一枚岩ではない。

　賛成派の中には、一方では前記のように「社会への貢献」という理念に基づいて受入れ容認と考える人々がいるのに対し、「たとえ受入れに反対したとしても結局国は施設建設を強行するのであろうから、条件闘争に持ち込んで少しでも地域に有利な条件を引き出した方が得である」と考えている打算的な「実利派」も存在する。

　反対派の中にも、一方で、「絶対に受入れられない」という強硬派が存在するのに対して、「条件付きであれば受入れもやぶさかではない」という条件派も存在する。

　さらに、条件派の中にも「入所者から性犯罪者や薬物犯罪者を排除してくれればそれでよい」という比較的マイルドな条件派から、「国又は市で警備員を雇って地域のパトロールを行うか、あるいは地区内に街頭防犯カメラを増設するなどして治安対策を強化して欲しい」という条件派、更には「パトロール強化や街頭防犯カメラ増設だけでは不十分で、入所者の顔写真を含む人定事項やGPSによる位置情報をセンターのホームページ上等で地域の住民に公開すべきだ」との厳しい条件派まで、様々である。[6]

---

[6] 例えば、米国の一部の州では、性犯罪の前科者の個人情報をインターネット上等で一般に公開する制度があります。ただし、日本ではこれまでのところそこまでの措置が採られた例はありません。

(論点)

　このうち街頭防犯カメラの増設案に関しては、住民自身のプライバシー保護の観点から抵抗感を感じる住民も存在する。また、入所者の個人情報の公開に対しては県外の人権擁護団体から強い懸念が示されている。

　一方、B市役所の試算では、仮に民間警備会社等に防犯パトロールを委託する場合、必要なコストは年間約8,000万円程度とみられる。また、ほぼ同様の防犯効果を持つとされる街頭防犯カメラ・システム（50台）の導入に必要な当初の設置コストは約2億円、その後の毎年の運営コストは年間約2,000万円程度とみられる。

　もっとも、仮に街頭防犯カメラの増設や民間警備会社等へのパトロール委託を実施する場合、行政側（国、A県、B市）が必要経費の負担にどの程度応じるかは現段階では不明である。財政状況厳しい折、全額の負担には難色を示す可能性は否定できない。一方、住民側にも、仮に当該施設受入れに伴う防犯上の経費等を住民側が負担することになるとすれば、「それは筋違いだ」との意見が少なくない模様である。

　先般、甲地区自治会が実施した同地区内の世論調査の結果は、受入れを認めて良い：約20%、条件付きでなら認めても良い：約30%、絶対認められない：約30%、よく判らない：約20%、という微妙な結果であった。

　各派の中でも最も動きが活発なのは全体反対派であり、先日、反対派は地元の学校関係者等による反対署名約1万2,000人分を集め、東京の法務省まで届けている。

6．父親（自治会長）からの依頼

　次回の国、A県、B市、地元警察署等との協議を来月に控え、甲地区自治会は早々に自らの方針を決定する必要に迫られている。来週の地区自治会総会において自治会内部の多様な意見を集約・決定できるか否かは、自治会会長である鈴木太郎の父親の手腕に拠るところが大であると言っても

過言ではない。

　鈴木太郎が帰省中のある晩、父親が「折り入って頼みがある」と述べつつ、本件をめぐるこれまでの経緯と自分の立場を説明した。父親は、来週の次期地区自治会総会において、自治会としての対処方針案（受け入れる、受け入れない、条件付きで受け入れる等）を具体的に会員に提示し、少なくとも会員過半数からの承諾を得られるよう説得を行わなければならないという。

　その上で、父親は太郎に対し「お前もコンサルタントの商売をやっているんだから問題解決の指南は得意だろう、ここは一つ父親に何か知恵を貸してくれんか」と依頼した。

【設問】

　自分自身が鈴木太郎であると仮定し、次期甲町自治会総会において父親が自治会長として住民に示す「対処方針案」を考えて下さい。

事項索引

ア行

ISIL（イスラム国） 98, 104
IoT（Internet of Things） 132
IT化・サイバー化 39
IT基本戦略 129
IT基本法 129
IT戦略本部 129
青パト 45, 48
遊び型（初発型）非行 70
アトリビューション（attribution） 118
アル・カーイダ 104
安心 29, 32
安全 29, 30
安全・安心なまちづくり全国展開プラン 44
安全・安心まちづくり 24, 25, 48, 52, 53, 106
安全・安心まちづくり推進要綱 45
安全と権利自由のバランス 152
安全マップ 45
いきなり型 75
インターネット利用率 96
受け子 4
APT攻撃 129
エドワード・スノーデン（Edward Joseph Snowden, 1983-） 133
おとり捜査 148
オヤジ狩り 75
オレオレ詐欺 4

カ行

海外在留邦人数調査統計 90
外国人材の受入れ、共生に関する関係閣僚会議 109
外国人材の受入れ・共生のための総合的対応策 109
外国人登録法 89
街頭犯罪 38, 53
街頭防犯カメラ 24, 25, 45, 53, 152, 153, 187, 189, 203
快楽追及型 75
会話傍受 109, 147, 155
顔認証システム 106, 107
加害者家族等 177, 194
加害者家族等をめぐる問題 81
架空請求詐欺 4
仮装身分捜査 106, 109, 147, 148, 155
学校裏サイト 197
家庭裁判所 67
家庭裁判所優先主義 66, 67, 84
ガバナンス 9, 11, 53, 152
ガバメント 11
仮釈放 20, 24, 25, 172, 200
環境犯罪学 21, 24, 25, 26, 106
監察の指示 139
監視性 22
還付金等詐欺 4
官民の連携 5, 44, 48, 52, 53
管理者意識 22
危機管理学 10
規範意識の低下 40
基盤システム 126
旧警察法 138
凶悪犯 32
共助 10
行政機関個人情報保護法 108
共生者 40
矯正処遇 20, 24, 25
協力雇用主制度 172
緊張理論 18
クアラルンプール事件 98

206

区画性　22
苦情申出制度　141
ぐ犯少年　66
グローバル化　88
経済協力開発機構（OECD）　37
経済の停滞　41
警察改革　149
警察改革要綱　149
警察官職務執行法　147
警察刷新会議　141, 149
警察刷新に関する緊急提言　149
警察署協議会　153
警察署協議会制度　141
警察庁国際テロ対策要綱　108
「警察の正統性（Legitimacy Theory）」理論
　　151, 156
警察比例の原則活動　54
警察法　137, 147
刑事共助条約（協定）　88, 106, 110
刑事政策　16
刑事訴訟法学　16
刑の一部執行猶予　174
刑法学　16, 25
刑法犯少年　70
検挙件数　30
検挙率　30
厳罰化　68, 80
公安委員会　153
　──制度　139, 155
広域化・国際化　39
公共政策　9
航空保安　108, 112
更生保護　20, 25
神戸児童連続殺傷事件　68, 73, 80
合理的選択理論　22
国外犯　88
国際組織犯罪防止条約　106, 110
国際テロ　104
国際犯罪組織　103
国際犯罪被害実態調査（International Crime
　　Victimisation Survey: ICVS）　37

国家安全保障戦略　126
国家公安委員会規則　141
国庫支弁制度　139
子供・若者育成支援推進大綱　79
子ども・若者育成支援推進法　79
子ども・若者ビジョン　79
コンピュータ・ウイルス　122, 131
コンピュータ・電磁的記録対象犯罪　122
在日米軍　104
再入率　169

サ行

サイバーインテリジェンス　125, 132
サイバーエスピオナージ　125
サイバー攻撃　125, 132, 135
サイバーセキュリティ　118
サイバーセキュリティ基本法　118, 130,
　　133, 135
サイバーセキュリティ戦略　130, 133, 135
サイバーセキュリティ戦略2018　131, 135
サイバーセキュリティ戦略本部　130
サイバーテロ　125, 132
サイバー犯罪条約　132
再犯者　168
再犯者率　168, 169
再犯の防止等　169
再犯防止　20
再犯防止策ワーキングチーム　170
再犯防止推進計画　171, 176
再犯防止推進法　169, 170, 176
再犯防止に向けた総合対策　170, 176
再犯率　169
財務省貿易統計　90
在留外国人統計（旧登録外国人統計）　90
在留邦人　91
サザランド（Edwin Hardin Sutherland, 1883-
　　1950）　18
殺人願望型　75
自助　10
施設内処遇　172

事前旅客情報システム（APIS） 106, 107	情報セキュリティ政策会議 130
自治体警察制度 138, 155	情報セキュリティ対策推進室 130
執行猶予 172	情報通信白書 90
児童 75	条例定員 143
児童買春・児童ポルノ禁止法 122, 124, 133	触法少年 66, 67
児童買春・児童ポルノ禁止法違反 76	自立更生促進センター 172, 174, 200
児童虐待 40, 42, 75, 83	親権 82, 84
児童虐待防止対策に関する関係閣僚会議 80	親権停止制度 83
児童虐待防止対策の強化に向けた緊急総合対策 80	人身安全関連事案 78
	侵入犯罪 38
児童虐待防止対策の根本的強化について 80	審判開始 67
児童虐待防止法 79, 83	審判不開始 67
児童自立支援施設・児童養護施設送致 68	ストーカー 42, 42, 162
児童福祉法 83	ストーカー規制法 54, 78, 123
児童福祉法違反 76	ストーカー事案 78
児童ポルノ 78	スパイウェア 122
——の単純所持罪 82, 133	性悪説 18
視認性 22	生活安全条例 45
司法取引 149	生活型非行 70
司法取引制度 106	政策 9
社会安全 3	青少年育成施策大綱 78
社会安全政策論 3, 6, 10, 11, 25, 51, 60, 152	青少年育成推進本部 78
社会意識に関する世論調査 32	青少年インターネット環境整備法 82, 131
社会的統制力の低下 40	青少年の健全育成 81
社会統制理論 19	青少年保護育成条例 82, 123
社会内処遇 172	性善説 18
ジャカルタ事件 98	政令定員 143
重要インフラ 126	「世界一安全な日本」創造戦略 46, 48, 105, 107, 110, 112
出入国管理統計 90	
「朱に交われば赤くなる」 19	世界被害者学会 162
少年 65	窃盗犯 32
少年院送致 67, 68	ゼロ・トレランス（不寛容）政策 157
少年警察活動規則 141	先進的な捜査手法 109
少年サポート・センター 79	潜入捜査 148
少年事件の実名報道 81	ソーシャル・キャピタル（social capital） 40
少年法 65, 194	組織的犯罪処罰法 110
少年法の適用年齢 80	訴追に関する合意制度 110, 148
情報公開 153	粗暴犯 32
情報公開制度 141	
情報セキュリティ 118	
情報セキュリティ基本計画 130	

タ行

体感治安　29, 32, 119
第二次情報セキュリティ基本計画　130
体罰の禁止　79, 83
ダッカ事件　98
多文化共生社会　106, 109, 112
「単なる証拠品扱い」　162, 163
治安に関する世論調査　33, 119, 120
地域生活定着支援センター　172
知能犯　32
地方警務官制度　139
地方分権　138, 155
懲戒権　82
著作権法　122
通信の秘密　6, 133, 135
通信傍受　106, 109, 147, 155
通信傍受規則　141
通信傍受法　148
出会い系サイト規制法　81, 131
抵抗性　22, 26
DDoS 攻撃　128, 134
「手続き的公正（Procedural Justice）」理論　151, 156
テルアビブ・ロッド空港事件　98
テロ等準備罪　110
当事者意識　22, 26
特殊詐欺　4, 39, 51, 53
独立行政委員会　142
DoS 攻撃　128, 135
ドメスティック・バイオレンス(DV)　42
ドメスティック・バイオレンス(DV)事案　78
ドメスティック・バイオレンス(DV)防止法　55, 78

ナ行

内閣官房情報セキュリティセンター（NISC）　130
内閣サイバーセキュリティセンター（NISC）　130

縄張り意識　22, 26
二次的被害　23, 163, 164, 167
日系ブラジル人　95
日本型テロ対策　106, 108
日本人　88
日本被害者学会　162
入管法　88
人相学・骨相学　17
認知件数　30
ネット監視法案　131
ネットワーク利用犯罪　122

ハ行

ハーシー（Travis Hirschi, 1935-2017）　19
拝金主義　40, 41
発達的犯罪機会論　106
発達的犯罪予防論　20, 25, 79
バブル経済の崩壊　41
ばらまき型攻撃　129
犯罪及び権力濫用の被害者のための司法の基本原則に関する宣言　162
犯罪学　15
犯罪機会論　21, 22, 24, 25, 44, 48, 52
犯罪原因論　16, 20, 25, 52
犯罪社会学　18, 19, 25
犯罪少年　66
犯罪心理学　18, 19, 25
犯罪生物学　18, 19, 25
犯罪捜査規範　141
犯罪対策閣僚会議　43, 44, 48, 105, 112, 145, 170
犯罪に強い社会の実現のための行動計画　45, 48, 105, 145
犯罪に強い社会の実現のための行動計画―「世界一安全な国、日本」の復活を目指して―　43
犯罪に強い社会の実現のための行動計画2008　45, 105
「犯罪に強い地域社会」再生プラン　45
犯罪人引渡条約　88, 106, 110
犯罪の未然防止　48, 52, 53
犯罪被害給付制度　166

犯罪被害者学　　21, 23, 25, 162
犯罪被害者等　　162
犯罪被害者等基本計画　　162, 163, 165, 176
犯罪被害者等基本法　　23, 162, 165, 176
犯罪被害者等施策に関する世論調査　　168
犯罪被害者保護二法　　164
犯罪被害者保護法　　164
犯罪被害等給付金支給法　　164
犯罪不安感　　32
犯罪予防論　　21, 24, 25, 44, 48, 52, 79
ハンムラビ法典　　16
非違事案　　139
被害者家族等　　193
被害者人権宣言　　162
被害者への配慮の充実　　68, 80
被害発生防止　　5, 21, 25
光市母子殺害事件　　73
非行少年　　65
ビジネス感覚　　40
非対称性　　118
非対面型犯罪　　5
表現の自由　　84, 133, 135
標的型攻撃　　128, 135
標的型メール攻撃　　129
フィッシング　　122
フィルタリング制度　　81
風俗犯　　32
福祉犯　　76
不正アクセス禁止法　　121, 131
プライバシー　　6, 133, 135
振り込め詐欺　　4, 39, 53
文化学習理論　　18
分化的接触理論　　18
「塀のない刑務所」　　172, 174
ベッカー（Howard Saul Becker, 1928-）　　19
防犯活動　　24
防犯パトロール　　53
防犯ボランティア団体　　5, 24, 35, 45, 48, 58, 108
保護観察　　68, 172
保護観察付執行猶予　　20, 24, 25

保護処分　　67, 68
保護優先主義　　66-68, 80, 84
ボット　　128, 134
ボットネット　　128, 132
ボディスキャナー　　106, 108
香港マフィア　　103

マ行

マートン（Robert King Merton, 1910-2003）　　18
魔女裁判　　17
マネーロンダリングに関する金融活動作業部会（FATF）　　111
マルウェア　　122, 128
満期出所者　　172
万引き　　185, 186
水際対策　　107
水飲み場型攻撃　　129
三菱重工ビル爆破事件　　164
民間交番　　45
民間ボランティア団体　　8
民事不介入の原則　　54
民主的な運営の確保　　137, 138
メーガン法　　174

ヤ－ワ行

闇サイト　　121
有害サイト　　81
有害情報　　81, 82, 84
融資保証金詐欺　　4
来日外国人犯罪　　103
ラベリング理論　　19
領域性　　22
「レッテル貼り」　　19
ロシア・マフィア　　103
ロンブローゾ（Cesare Lombroso, 1836-1909）　　17
ワーム　　122
「割れ窓」理論　　23, 26, 157
ワンストップ支援センター　　168

小林 良樹（こばやし よしき）
明治大学公共政策大学院ガバナンス研究科特任教授。
早稲田大学博士（学術）、ジョージワシントン大学修士（MIPP）、香港大学修士（MIPA）、トロント大学修士（MBA）。
1964 年、東京都生まれ。1987 年、東京大学法学部卒業後に警察庁入庁。在香港日本国総領事館領事、在米国日本国大使館参事官、警察庁国際組織犯罪対策官、慶應義塾大学総合政策学部教授、高知県警察本部長等を歴任。2019 年 3 月、内閣官房審議官（内閣情報調査室・内閣情報分析官）を最後に退官。同年 4 月より現職。
専門はインテリジェンス、国際テロ、社会安全政策等。
主要著作に『インテリジェンスの基礎理論〔第 2 版〕』（立花書房、2014）他多数。

犯罪学入門
──ガバナンス・社会安全政策のアプローチ

2019 年 7 月 30 日　初版第 1 刷発行

著　者────小林良樹
発行者────依田俊之
発行所────慶應義塾大学出版会株式会社
　　　　　　〒108-8346　東京都港区三田 2-19-30
　　　　　　ＴＥＬ〔編集部〕03-3451-0931
　　　　　　　　　〔営業部〕03-3451-3584〈ご注文〉
　　　　　　　　　〔　〃　〕03-3451-6926
　　　　　　ＦＡＸ〔営業部〕03-3451-3122
　　　　　　振替 00190-8-155497
　　　　　　http://www.keio-up.co.jp/
装　丁────辻聡
組　版────株式会社キャップス
印刷・製本──中央精版印刷株式会社
カバー印刷──株式会社太平印刷社

©2019 Yoshiki Kobayashi
Printed in Japan ISBN978-4-7664-2594-9